小巧5

围棋

从入门到九段

1段到2段
1000题

陈　禧
胡啸城
卫泓泰
——　著

U0314398

化学工业出版社

·北京·

图书在版编目（CIP）数据

围棋从入门到九段.5，小巧：1段到2段1000题 /陈禧，
胡啸城，卫泓泰著.—北京：化学工业出版社，2022.9
ISBN 978-7-122-41625-4

Ⅰ.①围… Ⅱ.①陈… ②胡… ③卫… Ⅲ.①围棋—教材
Ⅳ.①G891.3

中国版本图书馆CIP数据核字（2022）第099936号

责任编辑：史 懿　　　　　　　　　　封面设计：溢思视觉设计／尹琳琳
责任校对：宋 玮　　　　　　　　　　装帧设计：宁小敬

出版发行：化学工业出版社（北京市东城区青年湖南街 13 号　邮政编码 100011）
印　　装：河北京平诚乾印刷有限公司
787mm×1092mm 1/16　印张 12¼　字数 180 千字　2023 年 1 月北京第 1 版第 1 次印刷

购书咨询：010-64518888　　　　　　售后服务：010-64518899
网　　址：http://www.cip.com.cn
凡购买本书，如有缺损质量问题，本社销售中心负责调换。

定　　价：59.80 元　　　　　　　　　　　　　　　版权所有　违者必究

序 言

我和奇略合作"从入门到九段"有不少时间了。这套选题最早来自于一次吃饭，泓泰说：上次出版的《零基础学围棋：从入门到入段》反响不错，再挑战一次"从入门到九段"怎么样？

于是经过近两年的设计、制作、编排，这套书终于要和大家见面了。题目全部是陈禧职业五段原创的。他热爱创作死活题，这些题目在网上有数千万人次的做题量和大量的反馈，经过了充分地检验和锤炼。其中高段分册的有些题目我看到了也需要思考一段时间，做完之后，感受很好，确实有助于基本功的训练。

围棋学习是提升自己思维素养的过程，最讲究记忆力和计算力的训练。

常用的棋形，需要记得快，还要记得准、记得牢。必须要养成良好的学习习惯：多下棋，下棋之后复盘，长此以往会慢慢养成过目不忘的能力，下过的棋全部摆得出来。围棋的记忆，不仅要了解一个形状，还要记住上下关联的变化，理解得越深，记得越全面。记的东西多了，分门别类在头脑中整理好，就有了一套自己的常用知识体系，形成了实战中快速反应的能力。

实战中总有记不完的新变化，围棋对弈还尤其考验临机应变的能力。出现新变化的时候，需要进行计算。计算是在头脑中形成一块棋盘，一步一步地在上面落子，进行脑算；同时还需要有一个思维体系，从思考为什么会有这样的棋形开始，到思考这个变化为什么可行，那个变化为什么不行。这里说的计算，包含了大家平时说的分析和判断。通过综合训练，逐渐拥有强大的想象力，形成围棋中克敌制胜的计算力。

围绕训练这两种能力，奇略做了错题本和死活题对战的新功能，比我们那个时候训练的条件还要更进一步。一套好书，可以是一位好的教练，一位好的导师。希望通过这套书能够让围棋爱好者和学员们真正提高自己的硬实力，涌现出更多优秀的围棋人才，超越我和我们这一代棋手。

职业九段是我职业生涯中重要的里程碑，是我新征程的开始。而对于广大爱好者来说，从入门到九段，可能是一段长长的征程，有着无数的挑战。这里引用胡适先生论读书的一段话，与大家共勉："怕什么真理无穷，进一寸有一寸的欢喜。即使开了一辆老掉牙的破车，只要在前行就好，偶尔吹点小风，这就是幸福。"

2022 年 8 月

前　言

很高兴这套书遇到了您。

这套书，献给那些对自己有要求的爱好者和对提升学生棋力最热忱、最负责任的围棋老师们。

奇略是一家以做围棋内容和赛事起步的公司，目前是业内最主要的围棋内容，尤其是围棋题目的供应方之一。我们长期支持各类比赛，包括北京地方联赛和全国比赛。进入人工智能时代，我们相信，围棋的学习一定是围绕着提升棋手自身综合素养进行的。通过学习围棋，每位棋手都可以成为有创新意识，有独立分析能力的优秀人才。

奇略坚持创新和创作，坚信天道酬勤。当我们开始创作这样一套综合题库时，我们合理安排每一道题，每一章都为读者设计了技巧提示和指引，每一项围棋技能都邀请了顶尖的职业棋手寻找更好的训练方式。

从入门到九段，不仅要有充足的训练资源，还要有有效的训练方式和成长计划。今天这份成长秘籍已送到您的手边。我们从十年来原创的题目中，选取了棋友反馈最多的题目——10000道！按照难度进行编排。它们将会推动您一点一点成长，我们可以想象出无数孩子和爱好者一道一道做下去时兴奋的表情。

日常训练的时候，最头疼的就是：很多时候想这么下，但是答案没有这个分支，一道一道都去问老师要花很多时间，想自己摆棋，棋子太多也要摆好久。

如今奇略将答案全部电子化，更找到北京大学生围棋联赛的同学们，根据爱好者的反馈，给每一道题加上了详细的变化。为了方便大家提升，我们还做了电子错题本和知识点图解。我们会结合您做题中的反馈，对您的专注力、计算力和记忆力做出分析，让您的成长走捷径。

千里之行，始于足下，让我们现在开始吧。

本套书的成书过程得到了太多人的支持，在此感谢科大讯飞联合创始人胡郁，海松资本陈飞、王雷，北京大学校友围棋协会会长曾会明的大力支持。成书期间，周睿羊九段多次来奇略为我们摆棋指导，感谢周睿羊九段的意见让这套书更完善。

卫泓泰　胡啸城　陈　禧

2022 年 8 月

目　录

凡　例

1. 本书题目均为黑先，答案为无条件净活 / 净杀或有条件劫活 / 劫杀。

2. 本书题目大致按照知识点、难度排序，建议读者循序渐进，按照舒适的节奏安排练习。

3. 读者可以直接在书中作答，也可扫描书友卡中的二维码，在电子棋盘上进行互动答题并用错题本记录错题。

4. 读者在进入答题界面后，可以按照下列操作进行答题，也可以输入题目序号，找到对应题目后直接作答。

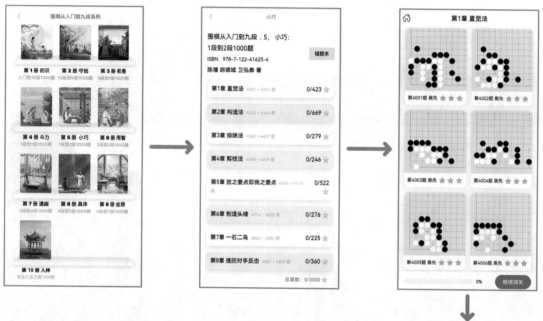

5. 在互动答题界面中，您可以自行探索黑棋的走法，系统将会自动给出白棋的最强应对，并在达到正确结果或失败结果时做出说明。

我们的答题界面、解题过程会持续优化、更新。愿我们的小程序和 App 一直陪伴您的学棋之路，见证您棋艺的提高。

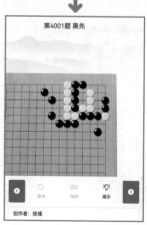

直觉法

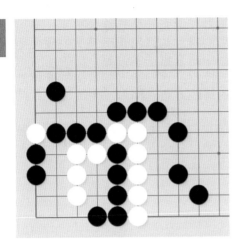

图1

在所有解题方法中,最省力气的无疑是"直觉法"。顾名思义,"直觉法"就是一眼发现正确答案的第一手,然后经过快速的思考,验证这一手是正确的。当然,这种方法也需要对棋形的敏锐感觉。

如图1,此时左下角的五颗黑子即将被白子完全包围,然而似乎还有一线生机。黑棋先行,该如何行棋呢?

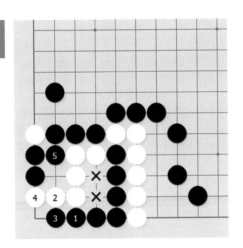

图2

如图2,黑1向角里爬是唯一的一手。如果这几颗黑子被吃,显然白棋将有足够的眼位做活,所以救出它们应该是黑棋的直觉。

既然黑棋威想要出要子,白2弯、4挡阻渡也是唯一的应手。不过当黑5粘之后,可以发现左下角的白棋和黑棋形成"假双活",黑棋因而成功净杀白棋。

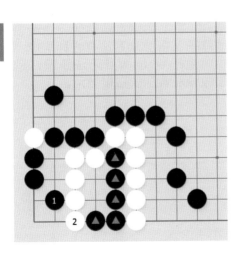

图3

如图3,黑1小尖直觉上并不成立,被白2挡下之后里面的五颗黑子只有两口气,万事皆休。如果黑1下在其他除2位之外的位置,白棋都可以挡在2位,因此这些变化都可以被"直觉法"快速否定。

构造法

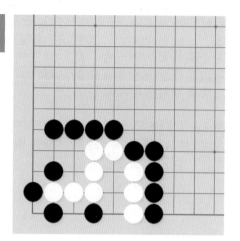

图 4

对于做死活题较为熟练的棋手，可以根据棋形的特点构造出正确答案的预想图。预想图中所有棋子的位置，即为所有可能选点的位置。这种通过构造出的变化进行逆推的解题方法，称为"构造法"。

如图 4，左下角的白棋即将做活，但是黑棋似乎可以在其空间内构造出死形。黑棋先行，该如何行棋呢？

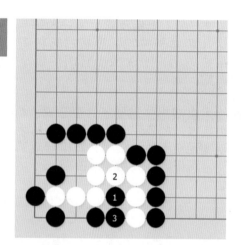

图 5

如图 5，通过对题目的观察，我们发现白棋的棋形与常见死型"弯三"十分相似。假设这个白棋被杀的图是正确答案，那么黑棋必须要想办法占到 1 位和 3 位。

显然如果黑棋第一步棋走在 3 位，白棋在 1 位挡即可形成"接不归"，黑棋不行。黑棋此时在 1 位挖才是正手；由于 3 位不入气，白棋只得在 2 位粘，黑 3 再粘便可构造成"弯三"的死型，梦想成真。

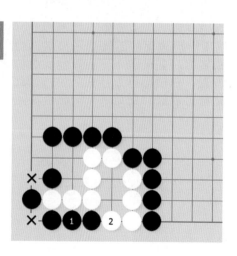

图 6

如图 6，黑 1 如果直接粘住，企图救回下方的黑子，白 2 从后面打吃即构成"接不归"；由于 × 位两点无法兼顾，黑棋只得眼睁睁看着这块白棋做活。

排除法

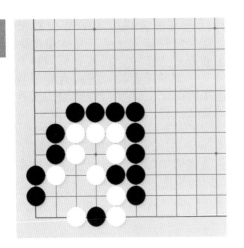

图7

在所有解题方法中，应用范围最广、逻辑最为简单的当然是"排除法"。面对题目中所有可能的变化，用"排除法"对这些变化进行逐一检查，一定能够发现正确答案。

如图7，白棋看起来已经有一只真眼，但下边的棋形尚有一些味道。黑棋先行，该如何行棋呢？

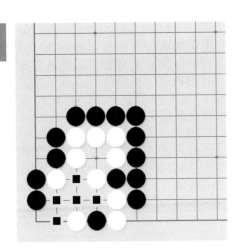

图8

如图8，我们可以先列出黑棋第一手所有可能的落子点，用■标出。由于白棋在上方已有一只真眼，接下来黑棋一定要立即破掉白棋的第二只眼，因此正解一定在这五个落子点上。

对这些落子点进行逐一排除之后，我们将会得到正解。

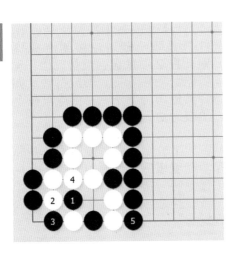

图9

如图9，经过"排除法"确认之后，我们可以发现黑1打吃是最致命的一击。白2、4如果试图抵抗，黑5可以从右边打吃；由于自身气紧的弱点，白棋竟然动弹不得，整块棋被黑棋净杀。

当然，黑棋第一手棋下在2位也可以起到破坏眼形的效果，但被白棋在1位挡住之后只得形成打劫。由于无条件净杀的结果优于有条件劫杀，这种选择可以被我们放心排除。

剪枝法

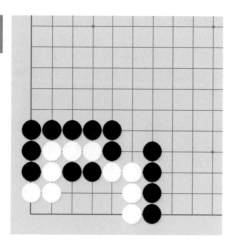

图 10

当死活题需要考虑的有效变化数量庞大时，坚持使用排除法会耗费大量的时间。如果能以组为单位，将具有共同特点的变化分支全部快速剪除，将大大缩短找到正确答案的时间。这种巧妙排除错误答案的解题方法，称为"剪枝法"。

如图 10，白棋已经包围了两颗黑子，但自身的棋形中似乎还有余味。黑棋先行，该如何行棋呢？

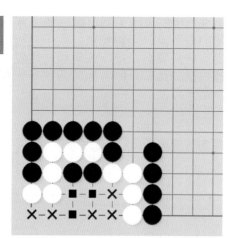

图 11

如图 11，类似"排除法"，我们依然可以列出黑棋第一手所有可能的落子点，白棋内部的任何交叉点都可以纳入考虑范围内。然而通过"剪枝法"，我们迅速发现 × 位的落子点明显不行，白棋只需吃住两颗黑子就能做活。

通过这种方法，我们把本来要考虑的 8 种选择迅速缩减为■位 3 种，极大地提高了计算的效率。

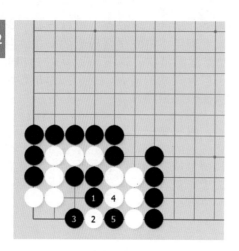

图 12

如图 12，经过进一步排除之后，我们发现黑 1 弯是唯一能对白棋制造威胁的手段。对此白 2 顶是最强抵抗，以下黑 3、白 4 打吃之后黑 5 提，形成打劫。如果黑棋选择其他两种下法，白棋均可在 1 位打吃，黑棋无功而返。

当然，以上介绍的四种解题方法并非相互排斥。随着棋感和计算能力的不断提升，可以逐渐将"排除法"灵活变通为"剪枝法"或"构造法"，甚至直接使用敏锐的"直觉法"。

敌之要点即我之要点

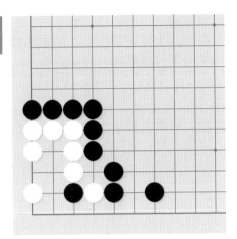

图 13

围棋当中有一句谚语叫"敌之要点即我之要点"。这句话的意思是说，如果对方有一处特别想要抢占的要点，这个点在大多数情况下也会是己方想要抢占的要点。

图 13 中，左下角的白棋眼位似乎不太完整，然而黑棋的攻击手法必须要十分精准才能达到目的。黑棋先行，该如何行棋呢？

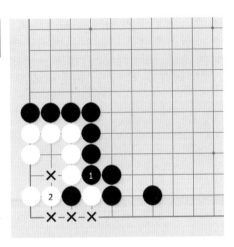

图 14

如图 14，黑 1 如果选择简单的打吃，白 2 顶住即可保证充足的眼位，轻松做活。如果黑棋的第一手棋下在由 × 标出的任何一个位置，白 2 也可以成功防御。

既然"敌之要点即我之要点"，那么黑棋正确的第一手棋是否应该下在 2 位呢？

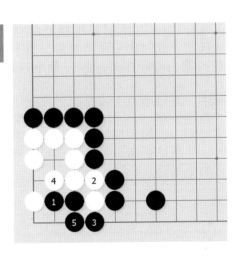

图 15

如图 15，上面问题的答案是肯定的。黑 1 抢占对方的要点之后，整个形势就发生了翻天覆地的变化。以下白 2 粘则黑 3 渡，白 4 挡则黑 5 粘，白棋无法做活。

如果在解题过程中不知道从哪里开始，不妨采用"敌之要点即我之要点"的方法。首先通过几种失败变化找到对方必走的要点，再尝试第一步抢占这个要点，就可能离胜利不远了。

制造头绪

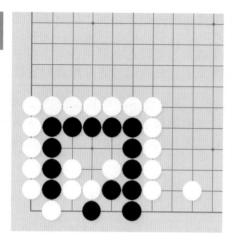

图16

如果在解题时遇到看似固若金汤、无懈可击的棋形，千万不要灰心。如果能够设法利用棋形的特殊缺陷"制造头绪"，往往可以无中生有，大幅增加己方成功的概率。

如图16，目前被包围的黑棋没有任何一只真眼，白棋的棋子看起来也已经全部连通。黑棋先行，该如何行棋呢？

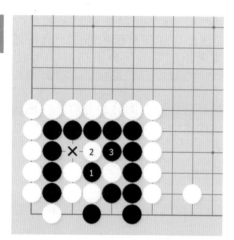

图17

如图17，黑1扑是"制造头绪"的第一步；白2提后，黑3再打吃时白棋已经出现了气紧的问题。此时如果白棋下一步在1位粘，黑棋可在×位打吃，将会形成接不归。

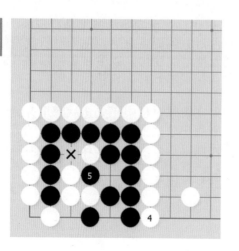

图18

如图18，白4从右边紧气是此时白棋最强的抵抗。此时由于黑棋气紧，也不能在×位打吃，只能在5位提吃，形成打劫活。

本题中，黑棋通过1位扑的手段成功为自己"制造头绪"，通过打劫为做活增添了无限可能。当然，在探究对方棋形中的余味时，"制造头绪"也可以掀起波澜，得到意想不到的收获。

一石二鸟

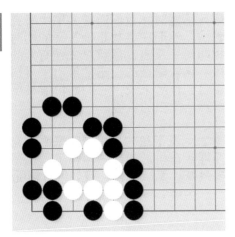

图 19

有些死活题中，先行的一方可能需要同时解决两个问题才能顺利过关。此时可以开动脑筋，试图寻找"一石二鸟"的妙手，一手棋兼顾两个目的。

如图 19，白棋已经有一只真眼，而且左下角的黑棋有两个断点，难以兼顾。黑棋先行，该如何行棋呢？

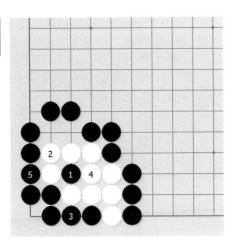

图 20

通过对题目的审视，我们已经找出了黑棋需要解决的两个问题：第一是确保左下角三颗黑子与外围大部队的联络，不能被白棋吃掉；第二是破坏白棋的眼形，使得白棋不能轻易吃掉下方的单颗黑子，取得第二只真眼。

此时，图 20 中黑 1 扑是"一石二鸟"的妙手，一步棋同时解决了两个问题！白 2 如果粘，此时黑 3 打吃成为先手，白 4 提后黑 5 刚好抢到宝贵的时间，将己方的棋子全数连通，白棋被杀。

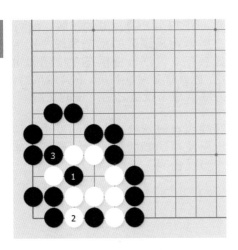

图 21

白棋如果选择另外一种方向，结果也不能成立。如图 21，白 2 如果在下方提，那么黑 3 可以选择断打，既能确保自身的联络，又能破掉白棋的第二只眼，白棋仍然被杀。

如果在解题过程中发现有两个同时需要解决的问题，不妨尝试用"一石二鸟"的方法提高效率，使自己的棋感更上一层楼。

提防对手反击

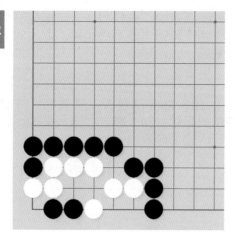

图 22

在解死活题时，我们通常会集中研究己方的着法。然而在寻找正确答案的同时，也要提防对手反击，留意对方强有力的抵抗手段。这些隐蔽的反击常常出乎意料；对于题目创作者来说，它们的价值甚至超过正解第一手棋的价值。

如图 22，左下角的白棋看起来眼位充分，然而埋伏在棋形内部的两颗黑子也留下了很多余味。黑棋先行，该如何行棋呢？

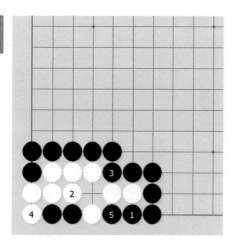

图 23

如图 23，黑 1 拐破坏眼形是必然的第一手。此时黑棋的构想是：白 2 如果试图划分出两只眼，黑 3 挤是好手。由于白棋自身气紧，5 位不入气，所以白 4 只能先提吃，黑 5 再破眼即可净杀白棋。

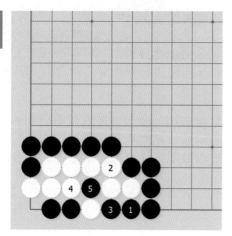

图 24

然而，图 23 并不是本题的正解！如图 24，白 2 愚形团是顽强的反击手段；接下来黑棋如果在 4 位拐，白棋在 3 位团即可形成双活。因此黑 3 只能打吃，白 4 做成打劫活，此为双方最强抵抗之后产生的正解。

本题的焦点显然是白 2 团的反击手段；如果您是执白防御的那一方，是否也能发现这一步反击呢？

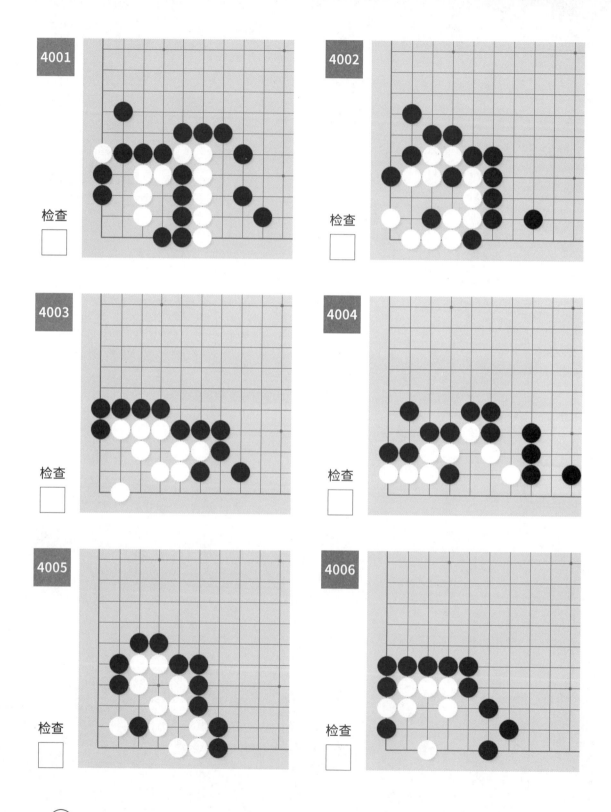

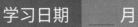

4007
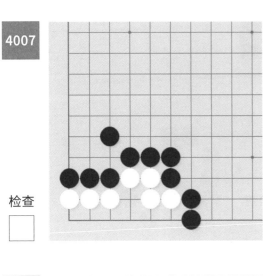

检查

4008
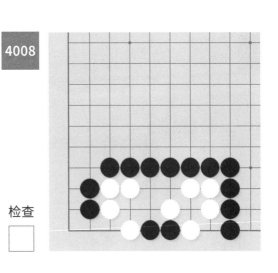

检查

4009
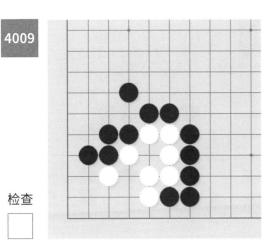

检查

4010
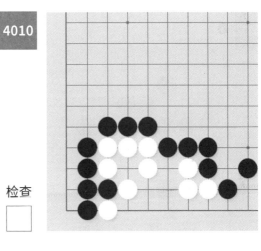

检查

4011
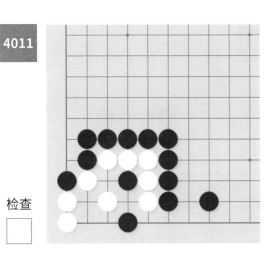

检查

4012
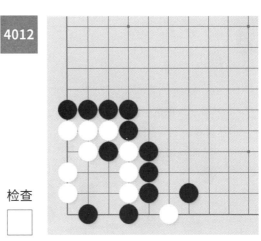

检查

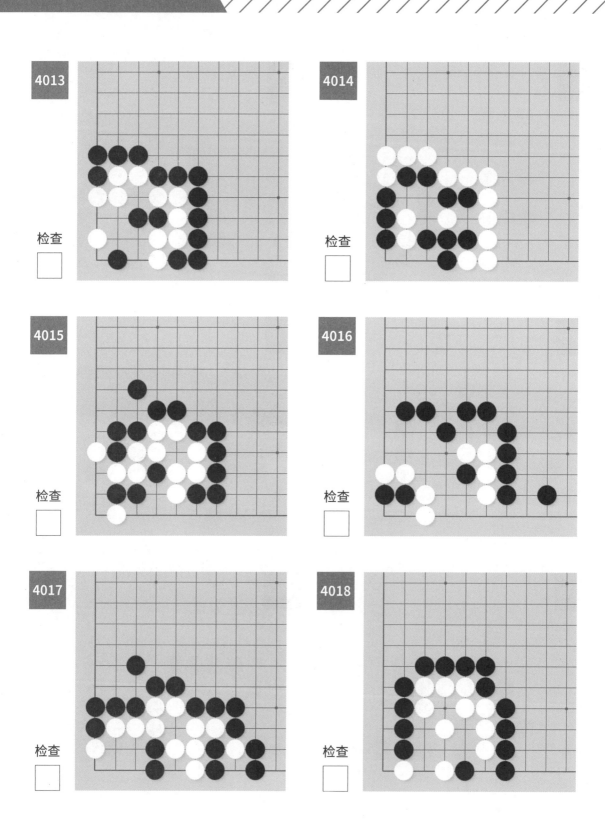

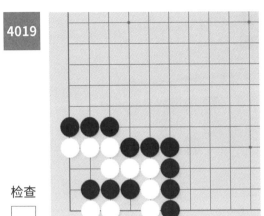

4019

检查

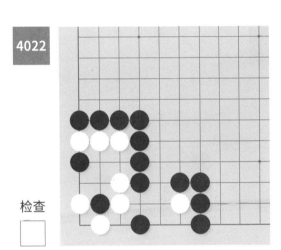

4020

检查

4021

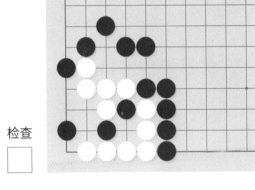

检查

4022

检查

4023

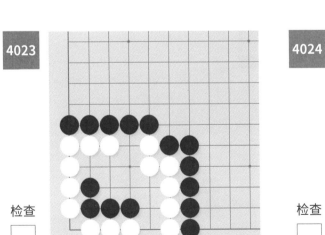

检查

4024

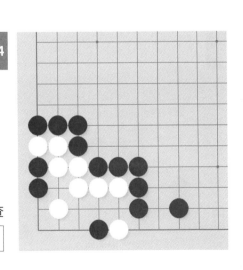

检查

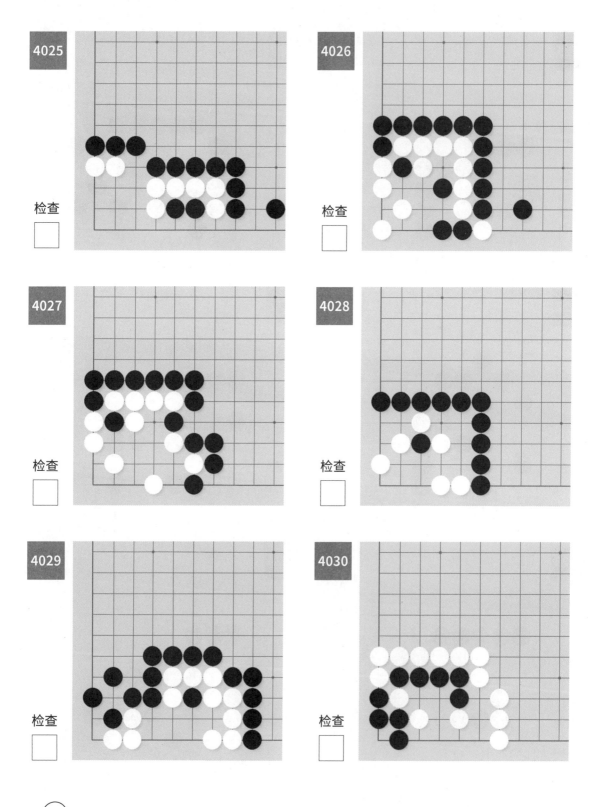

4031
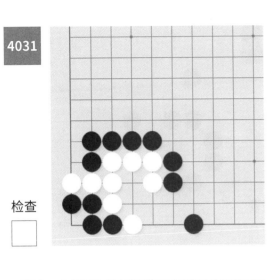

检查
□

4032
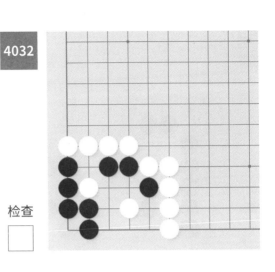

检查
□

4033
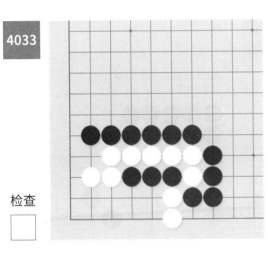

检查
□

4034
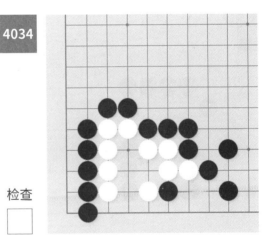

检查
□

4035
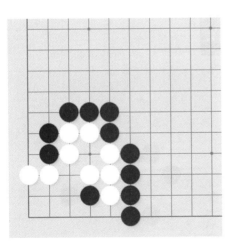

检查
□

4036
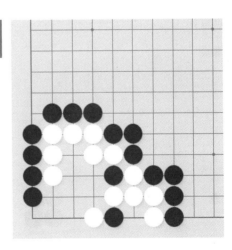

检查
□

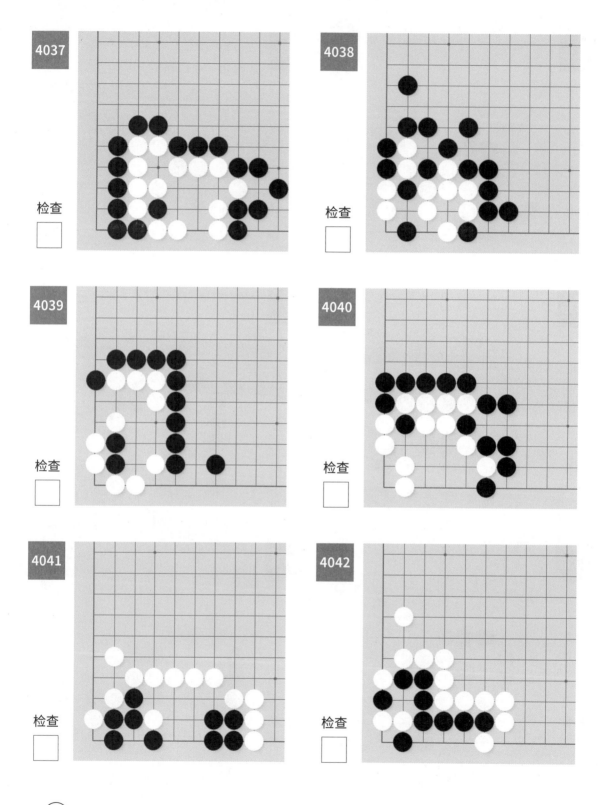

4043

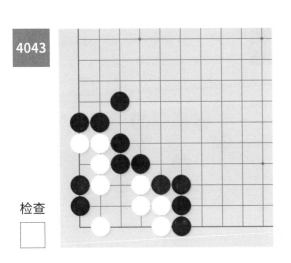

检查

4044

检查

4045

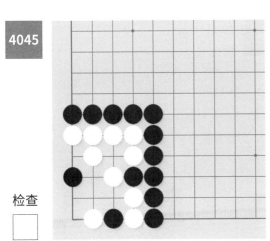

检查

4046

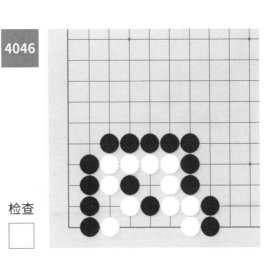

检查

4047

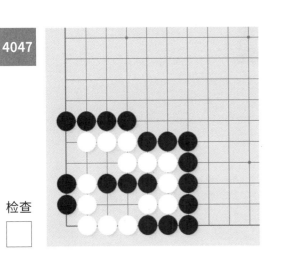

检查

4048

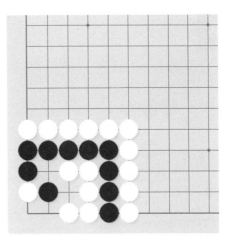

检查

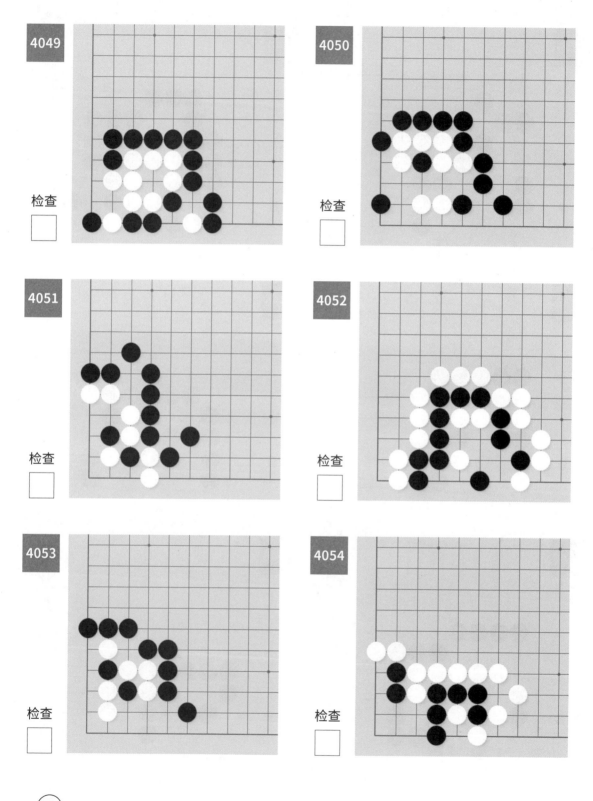

4055

检查 □

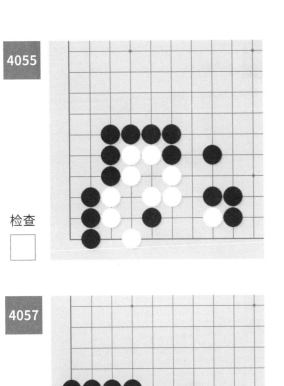

4056

检查 □

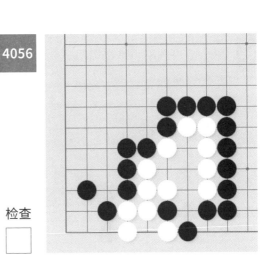

4057

检查 □

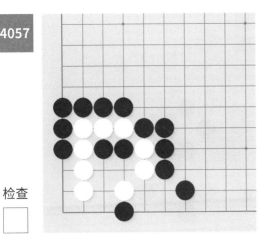

4058

检查 □

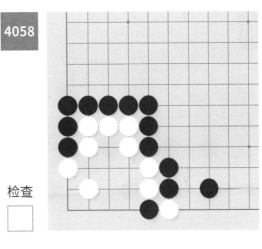

4059

检查 □

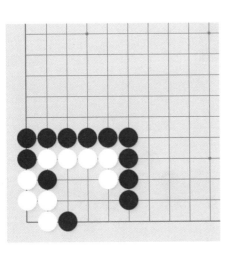

4060

检查 □

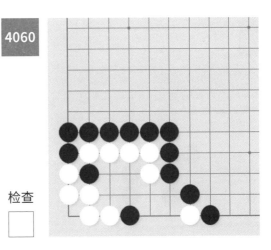

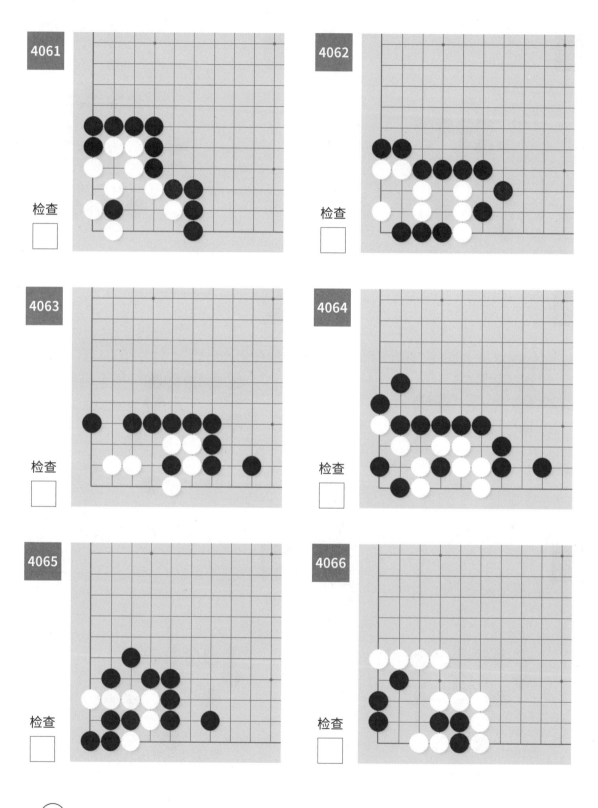

4067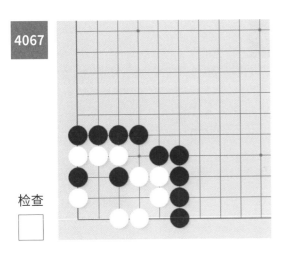

检查 ☐

4068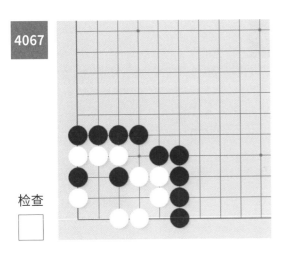

检查 ☐

4069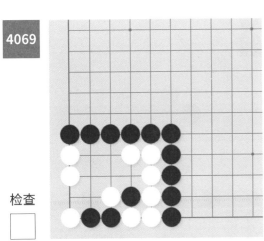

检查 ☐

4070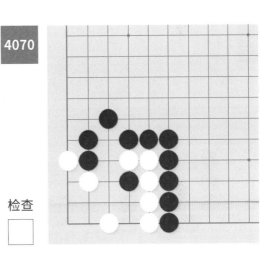

检查 ☐

4071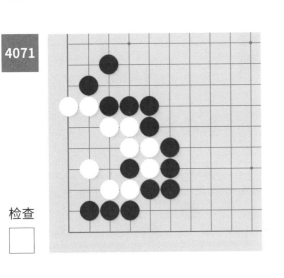

检查 ☐

4072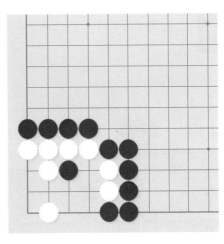

检查 ☐

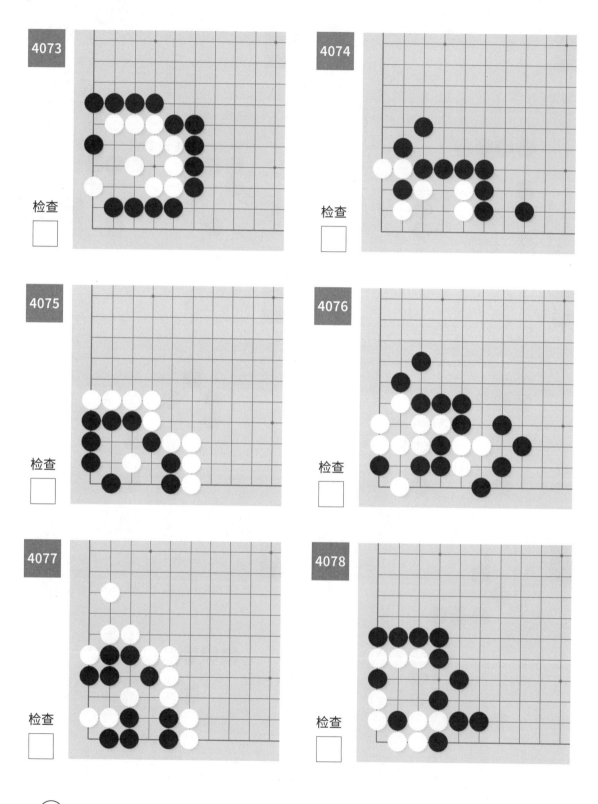

4079

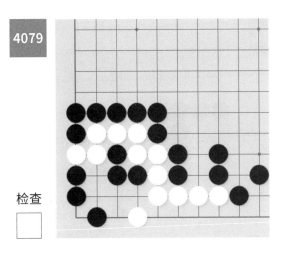

检查 □

4080

检查 □

4081

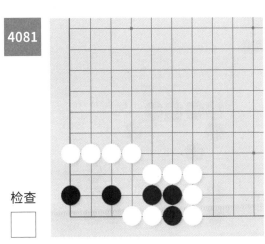

检查 □

4082

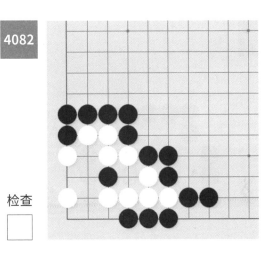

检查 □

4083

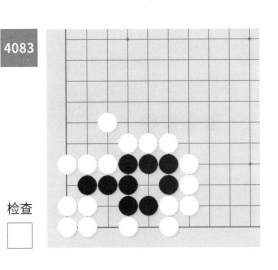

检查 □

4084

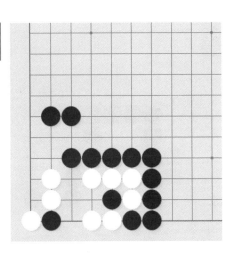

检查 □

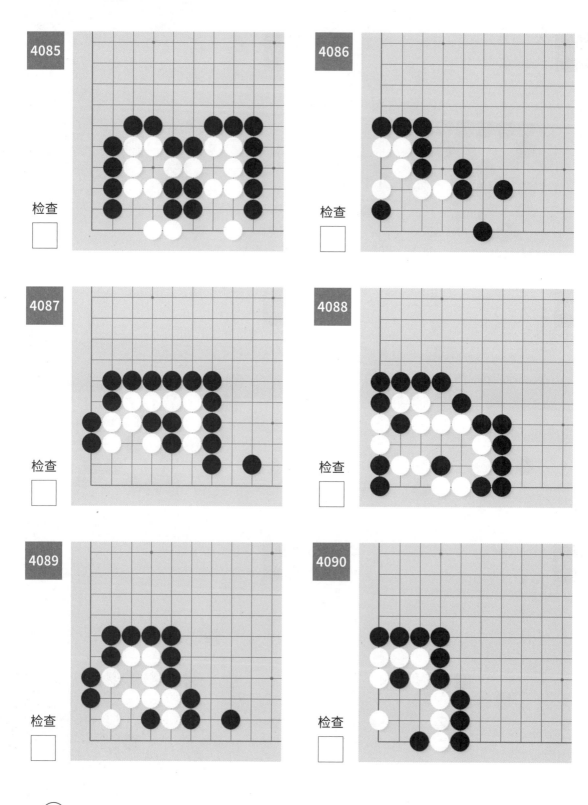

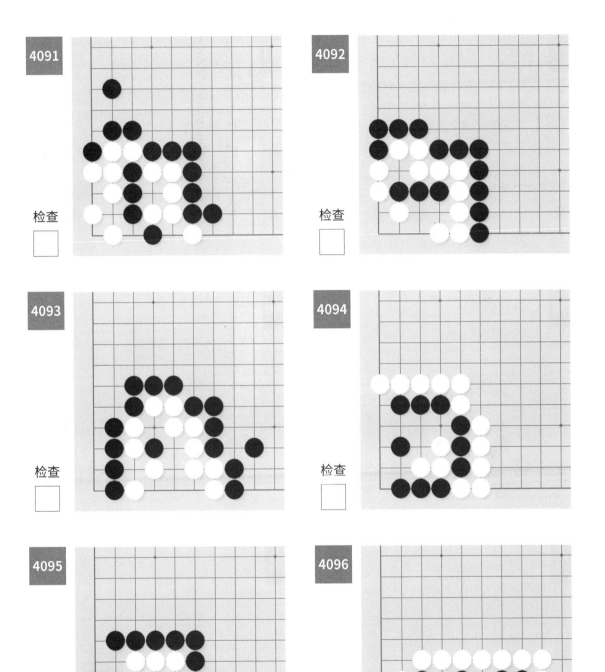

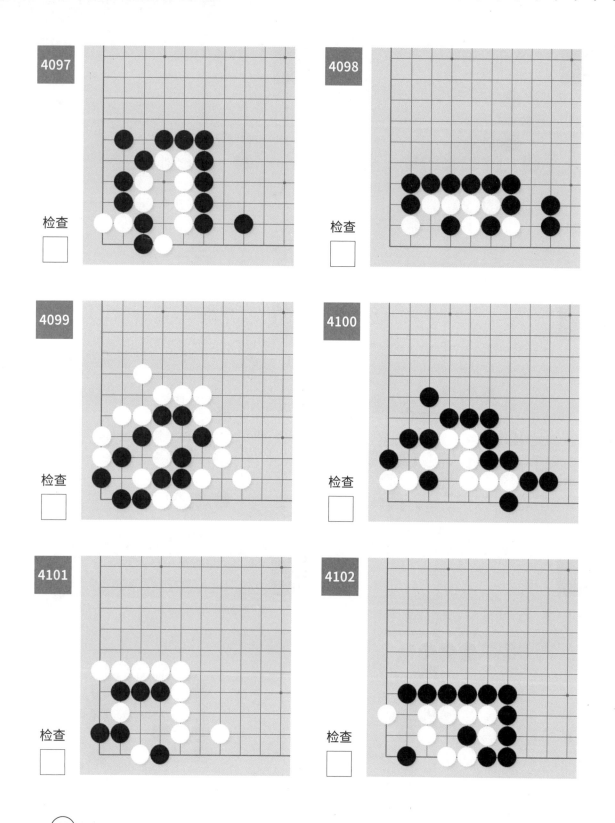

4103

检查

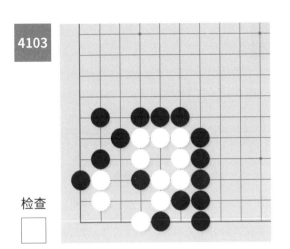

4104

检查

4105

检查

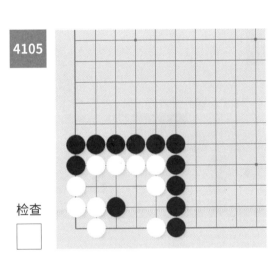

4106

检查

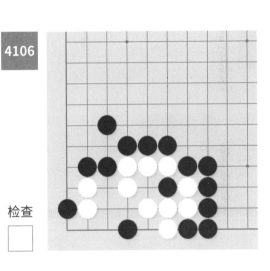

4107

检查

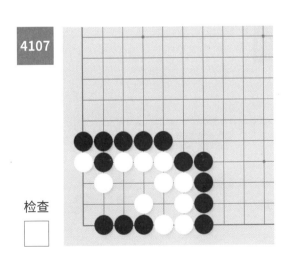

4108

检查

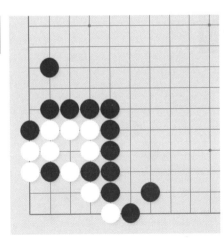

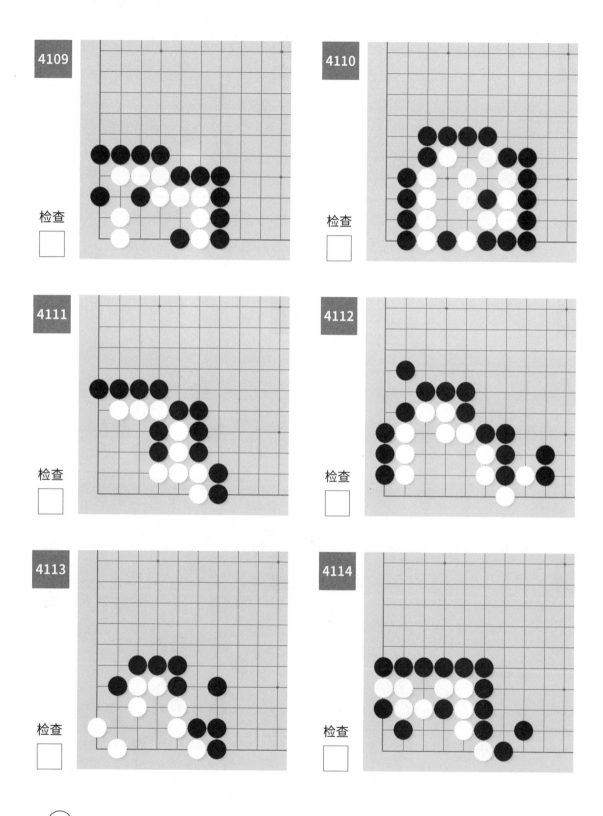

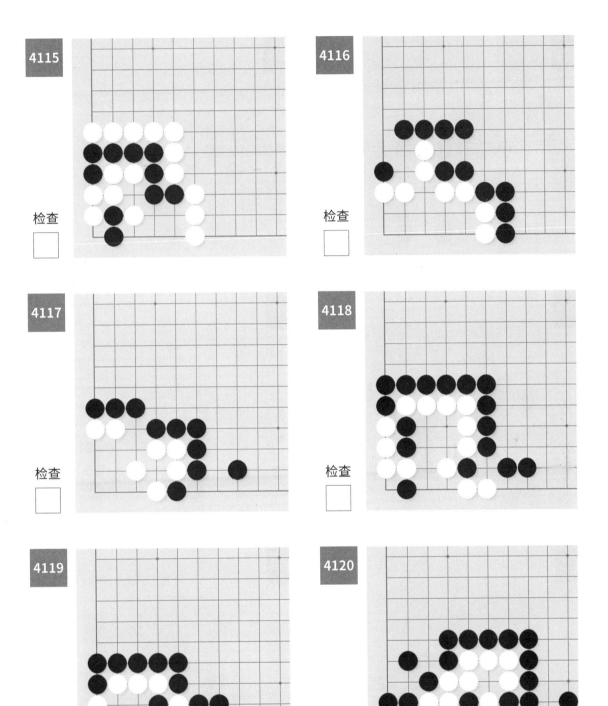

4115

检查

4116

检查

4117

检查

4118

检查

4119

检查

4120

检查

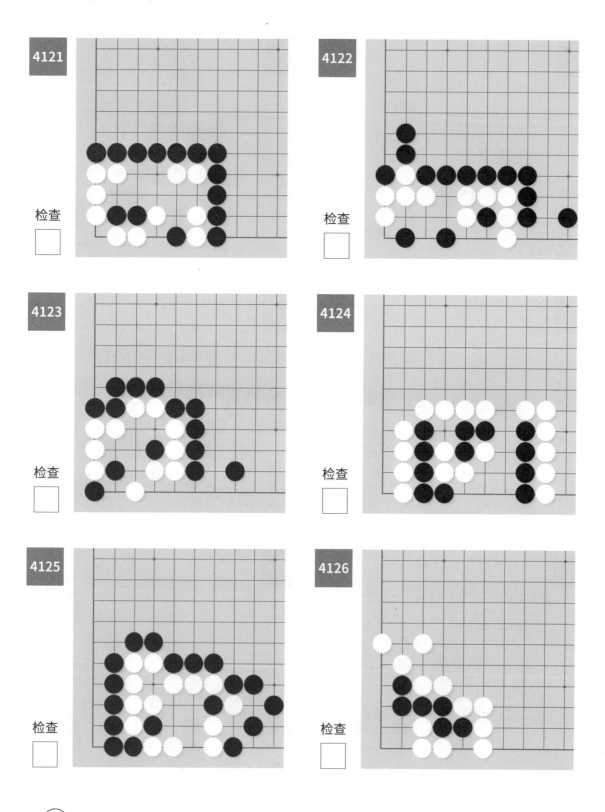

4127

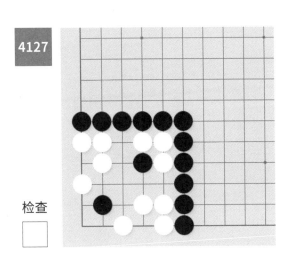

检查

4128

4129

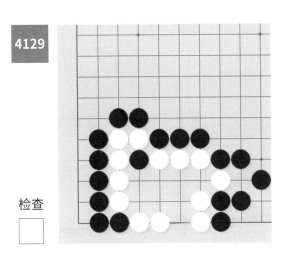

检查

4130

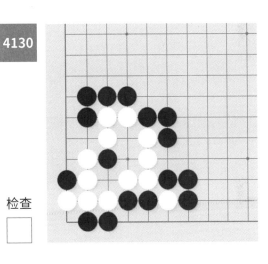

检查

4131

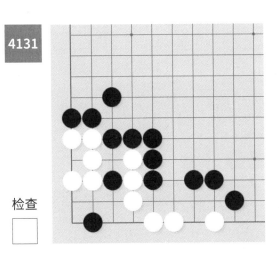

检查

4132

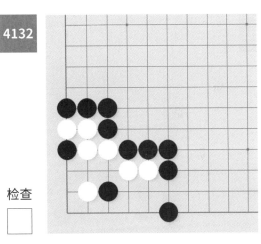

检查

4133

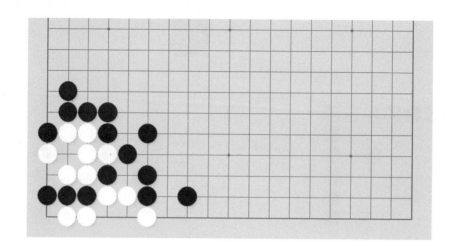

检查

4134

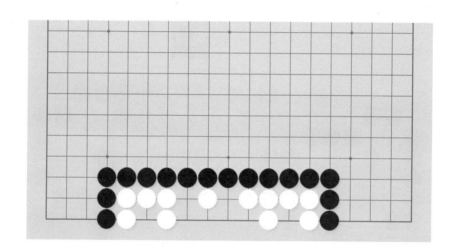

检查

4135

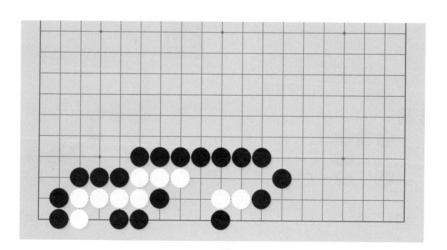

检查

4136

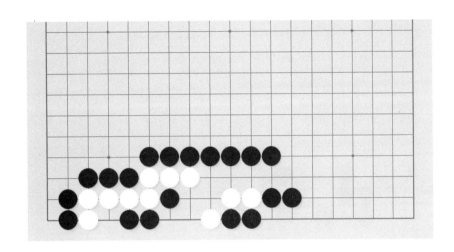

检查

4137

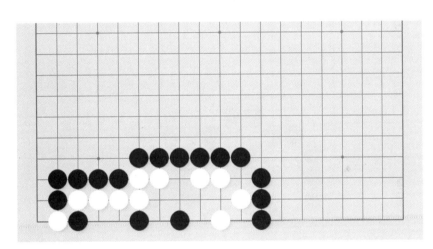

检查

4138

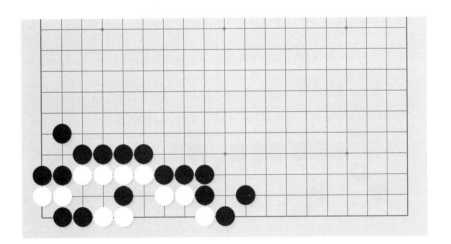

检查

4139

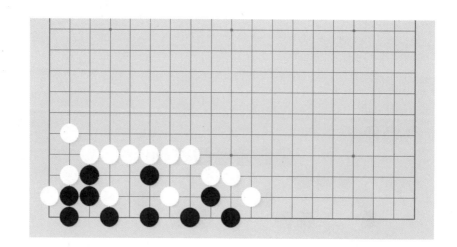

检查

4140

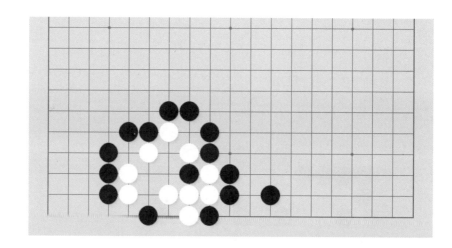

检查

4141

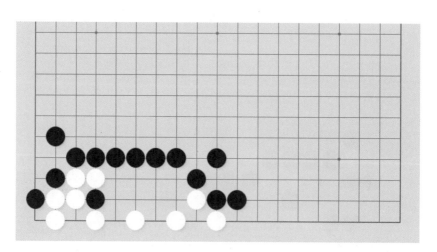

检查

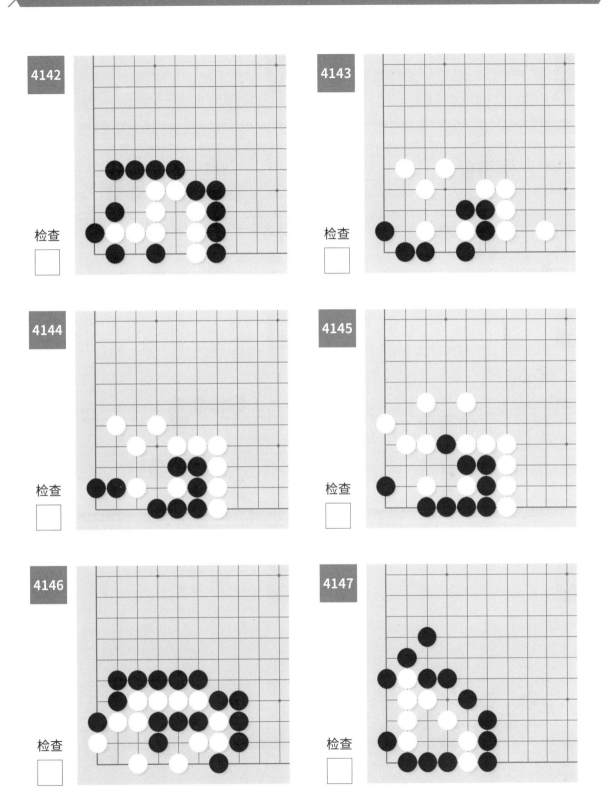

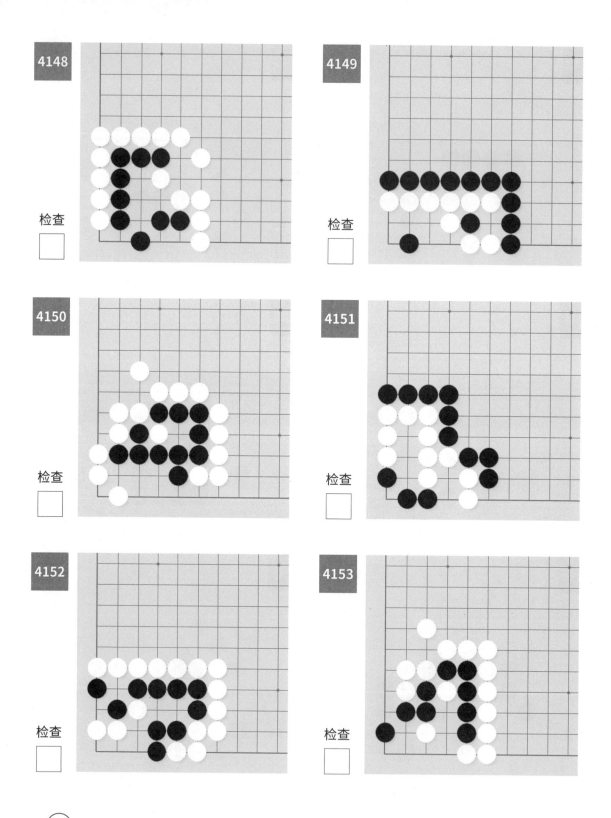

4154

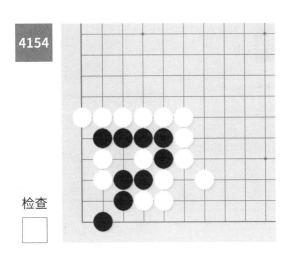

检查

4155

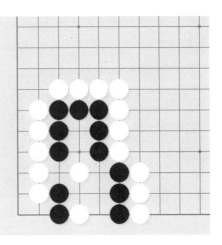

检查

4156

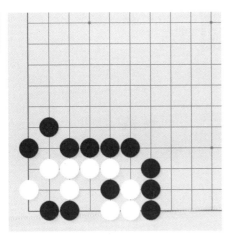

检查

4157

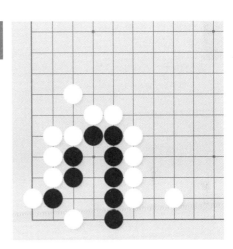

检查

4158

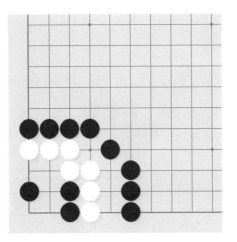

检查

4159

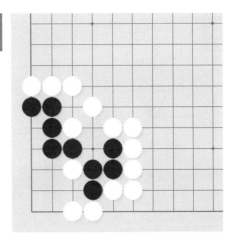

检查

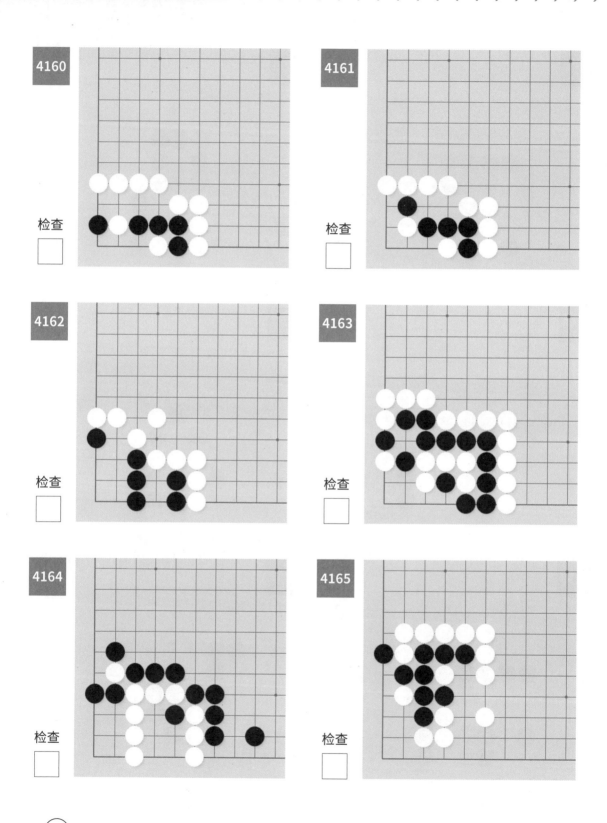

4160　检查　□

4161　检查　□

4162　检查　□

4163　检查　□

4164　检查　□

4165　检查　□

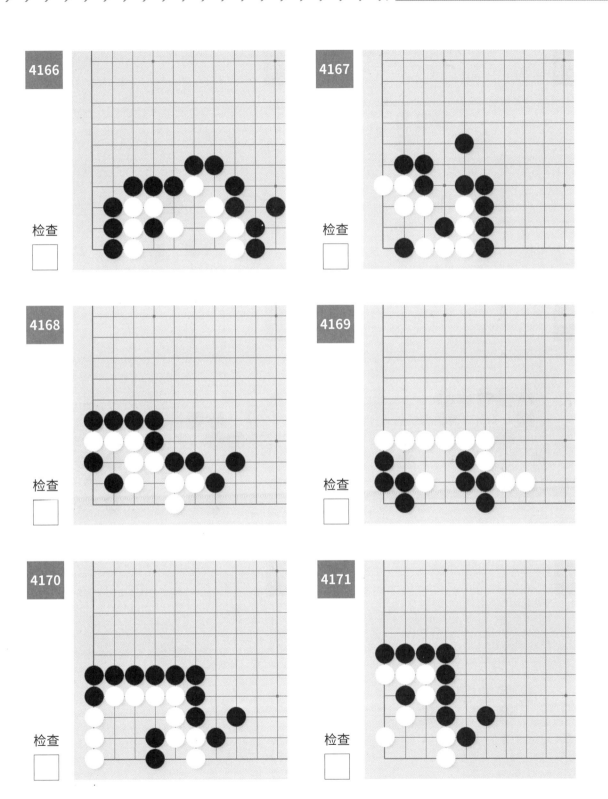

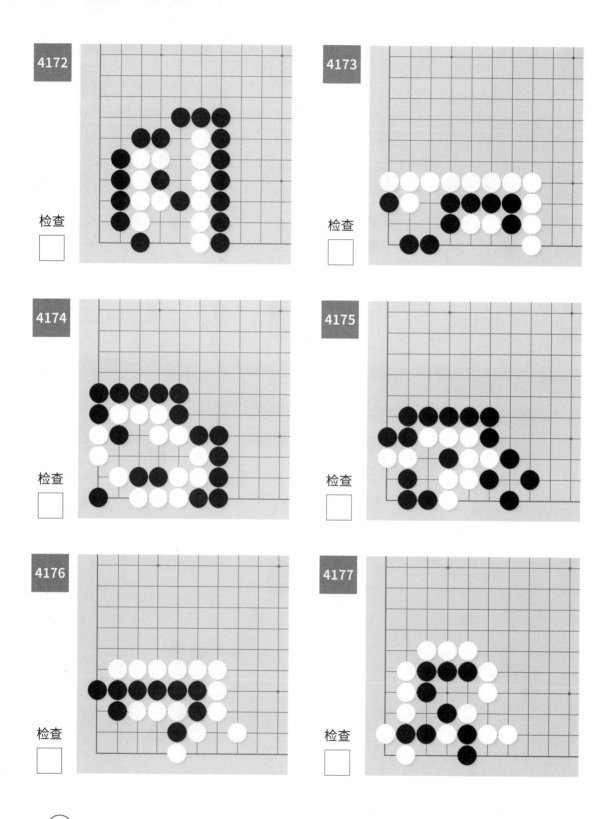

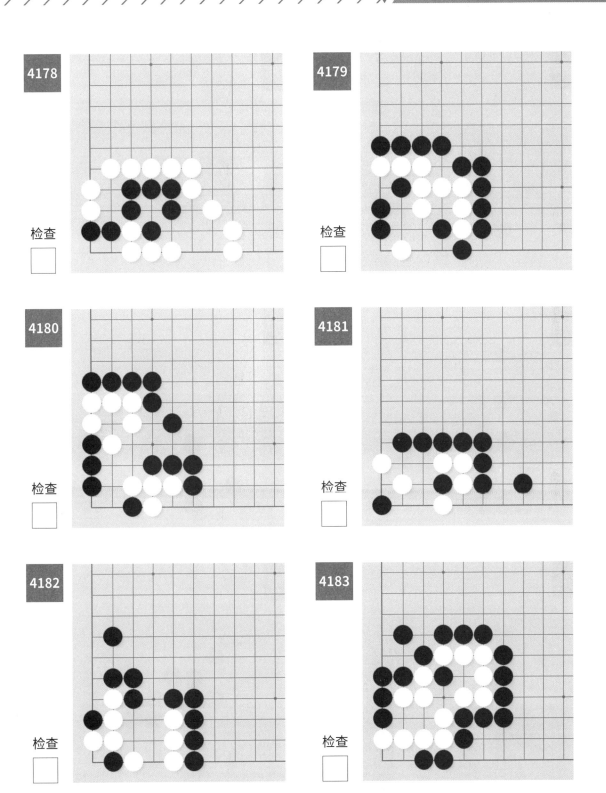

4178 检查

4179 检查

4180 检查

4181 检查

4182 检查

4183 检查

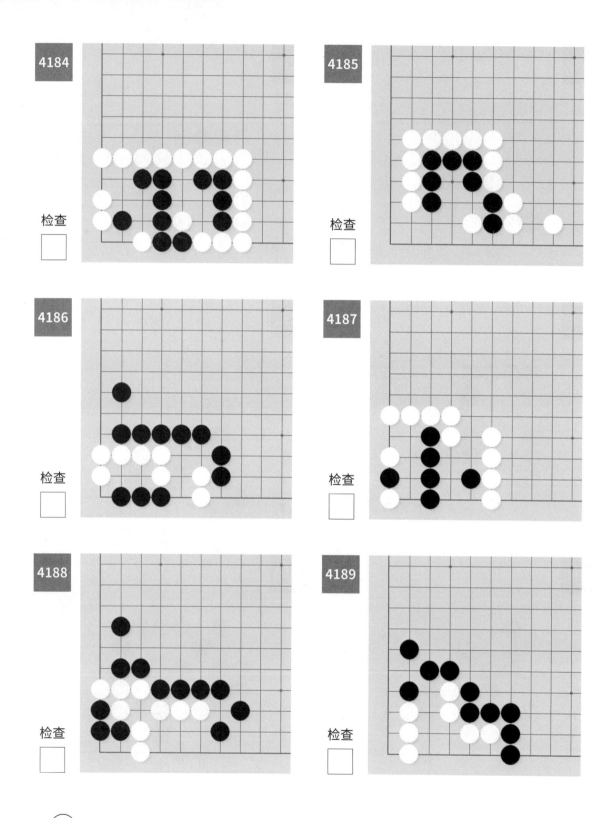

4184

检查

4185

检查

4186

检查

4187

检查

4188

检查

4189

检查

4190

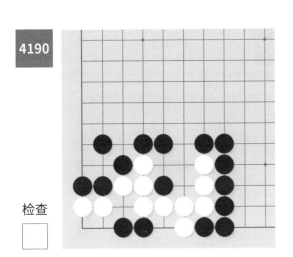

检查

4191

检查

4192

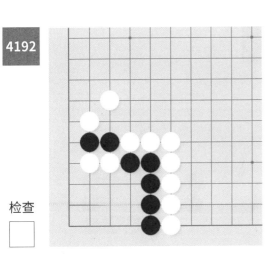

检查

4193

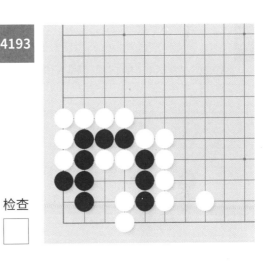

检查

4194

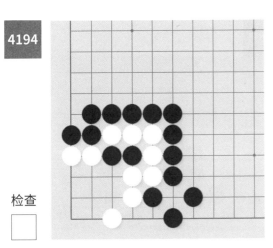

检查

4195

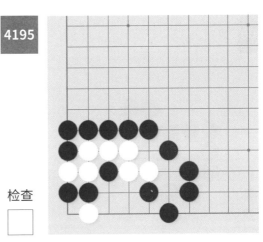

检查

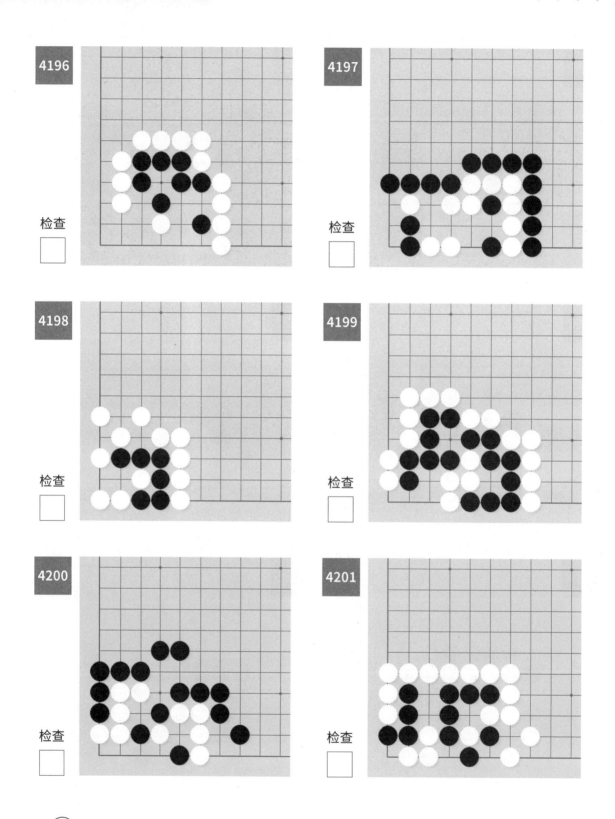

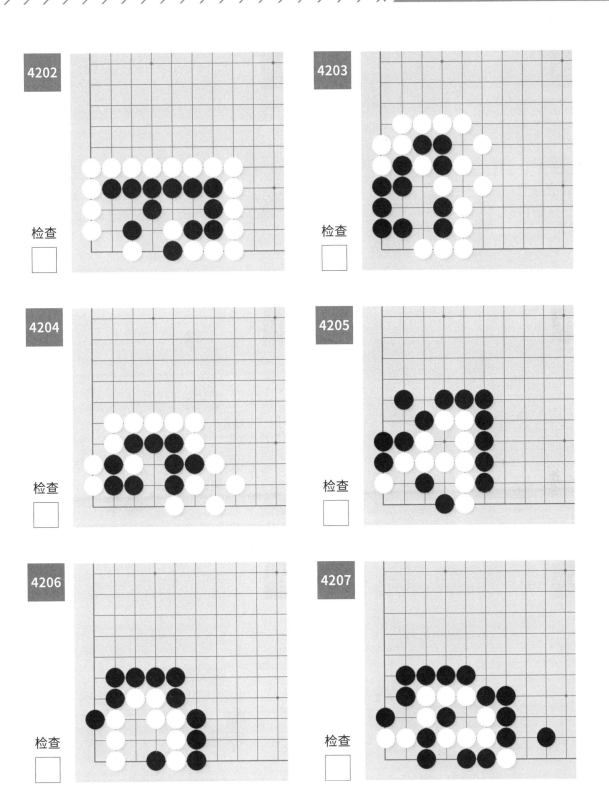

4202

4203

4204

4205

4206

4207

检查

检查

检查

检查

检查

检查

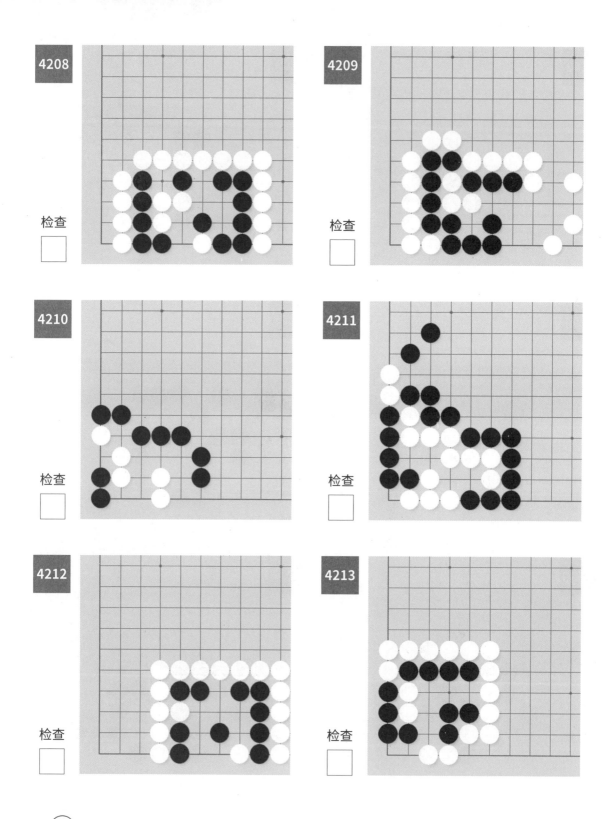

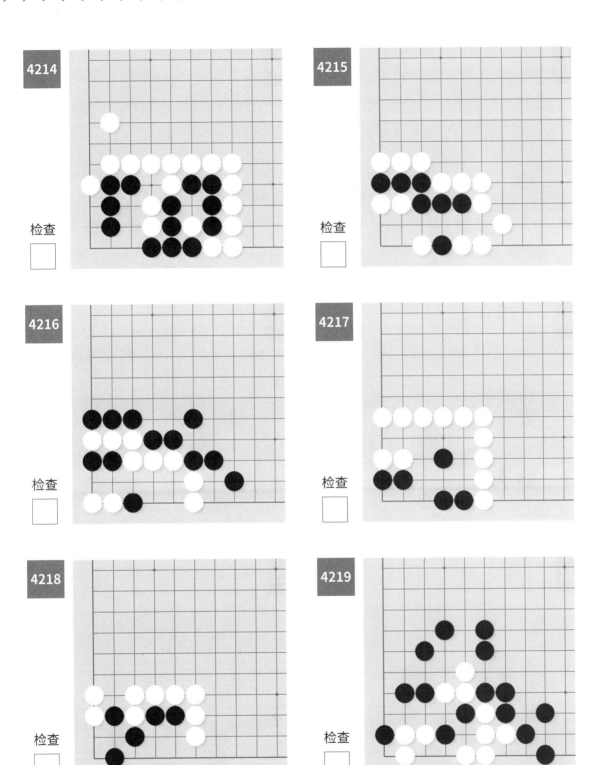

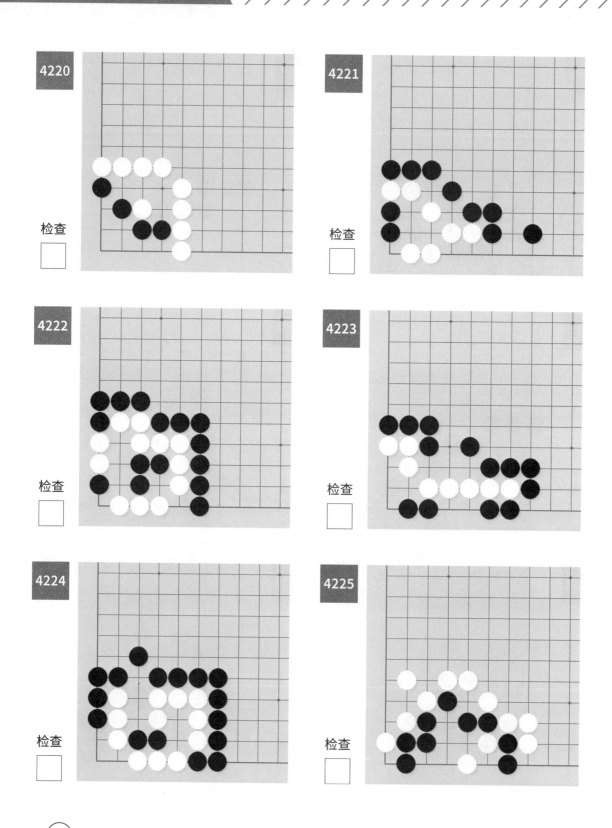

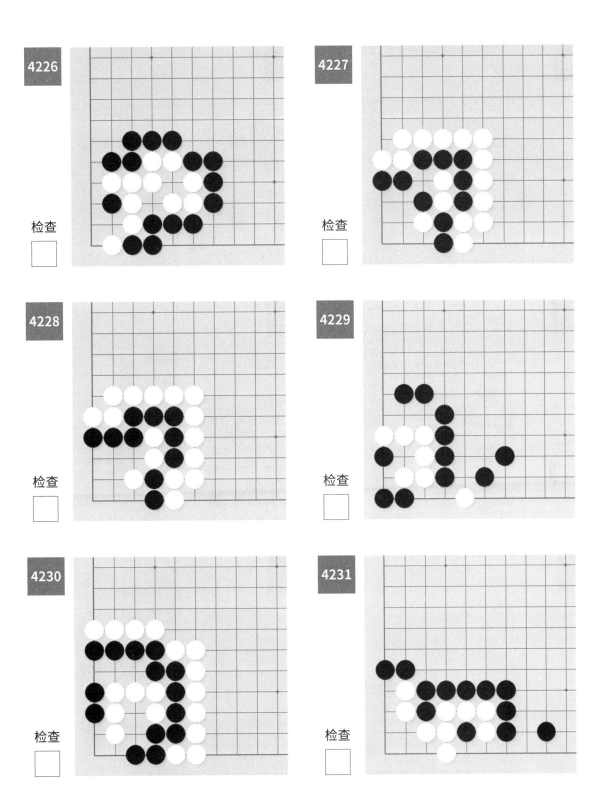

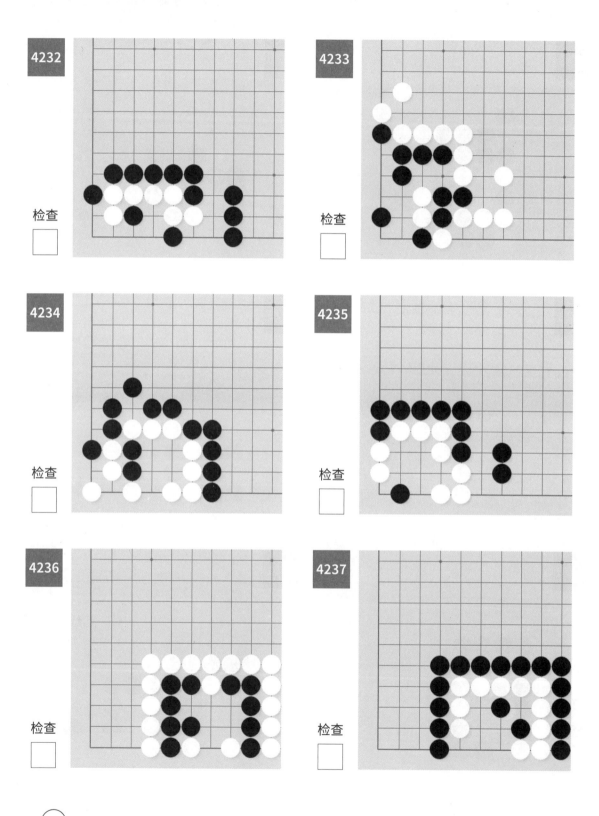

4238

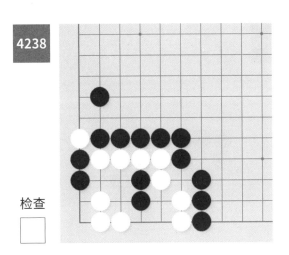

检查

4239

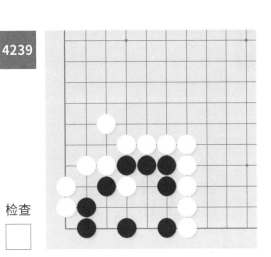

检查

4240

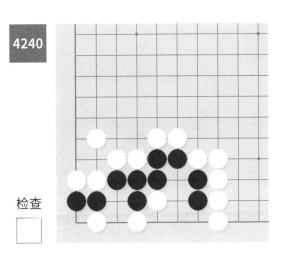

检查

4241

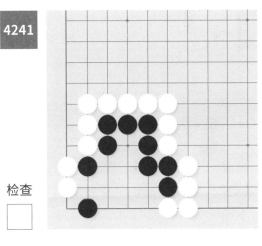

检查

4242

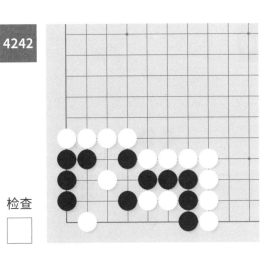

检查

4243

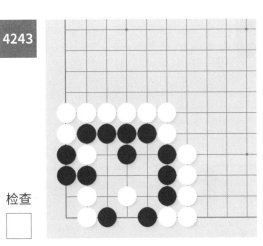

检查

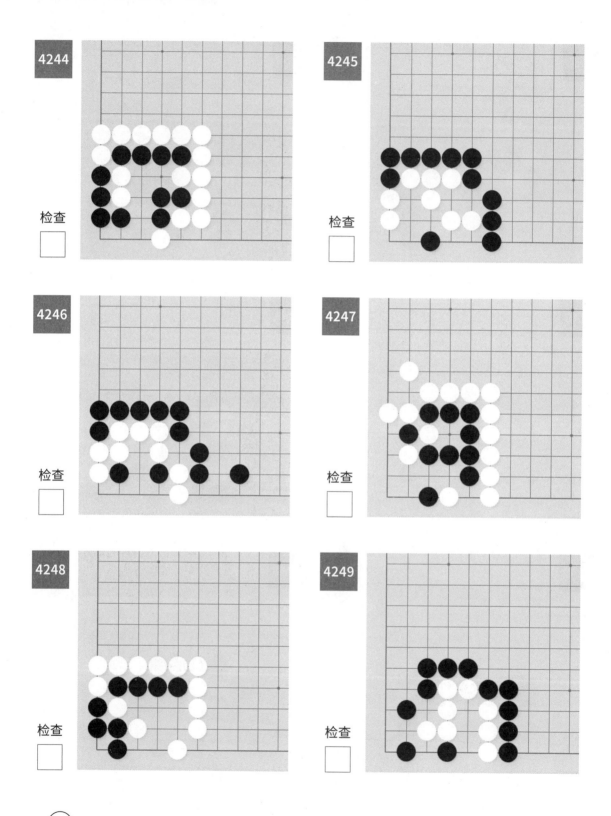

4244

检查

4245

检查

4246

检查

4247

检查

4248

检查

4249

检查

4250

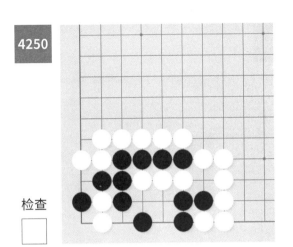

检查

4251

检查

4252

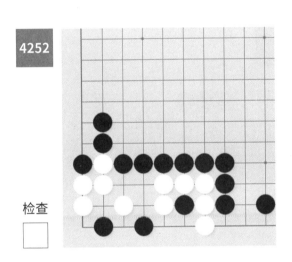

检查

4253

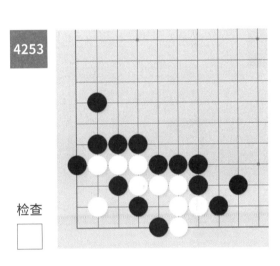

检查

4254

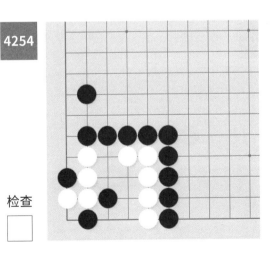

检查

4255

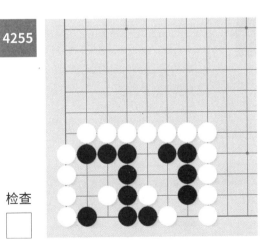

检查

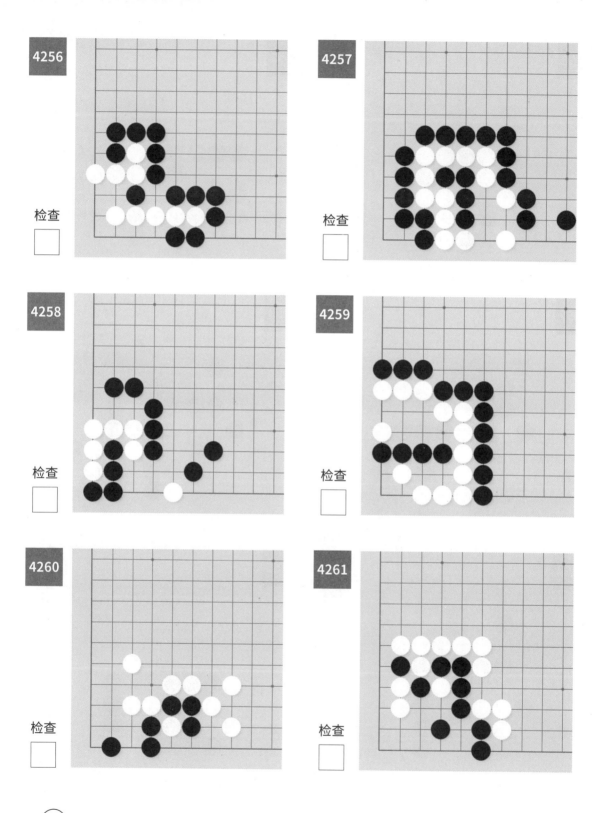

4262

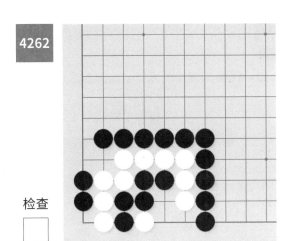

检查

4263

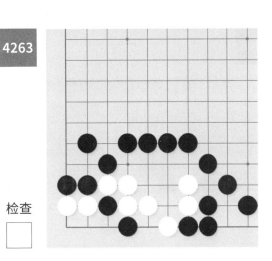

检查

4264

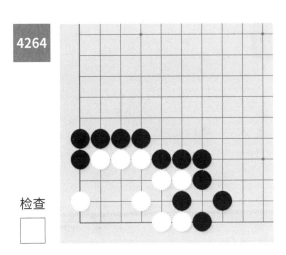

检查

4265

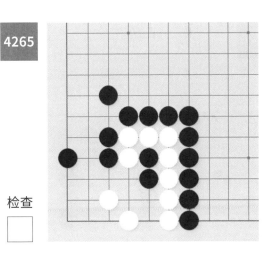

检查

4266

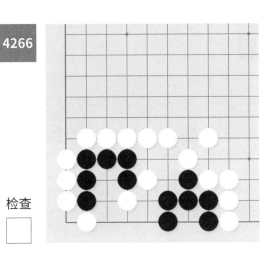

检查

4267

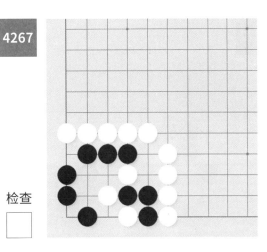

检查

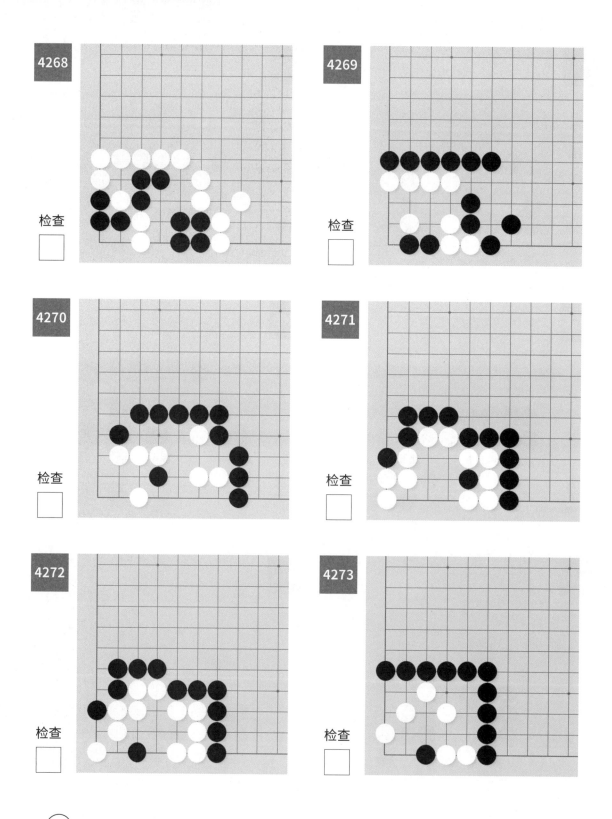

4268

检查

4269

检查

4270

检查

4271

检查

4272

检查

4273

检查

4274
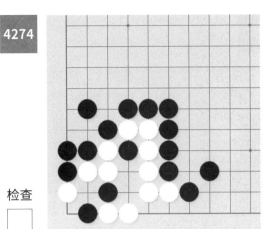
检查

4275
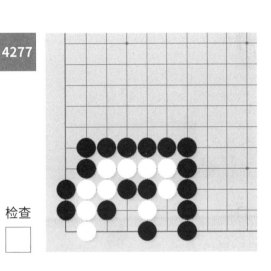
检查

4276
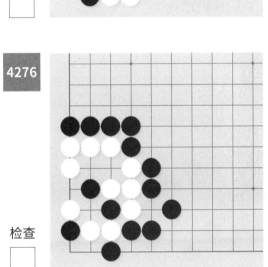
检查

4277
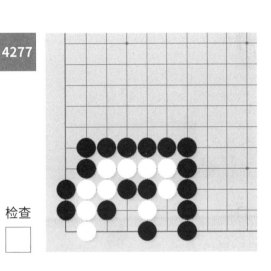
检查

4278
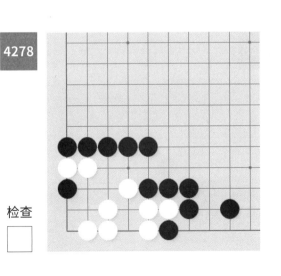
检查

4279
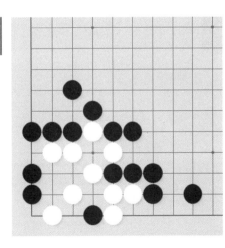
检查

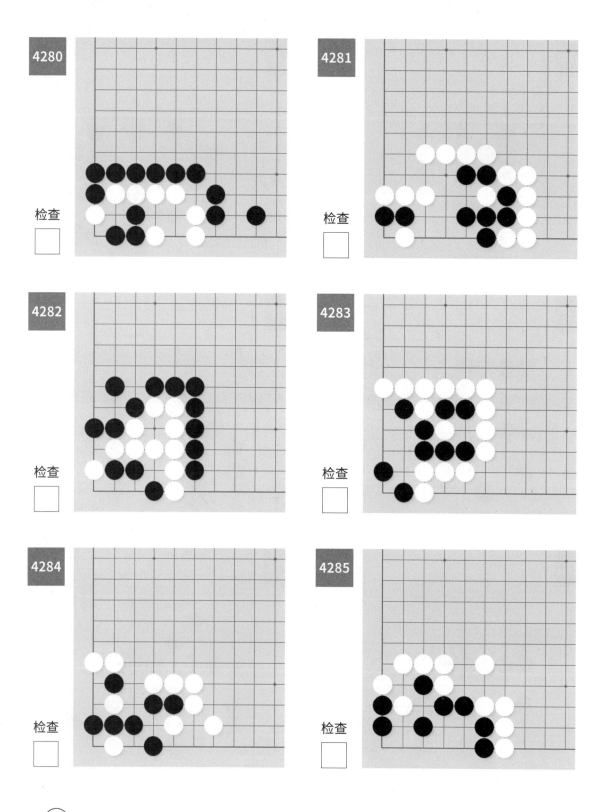

4286

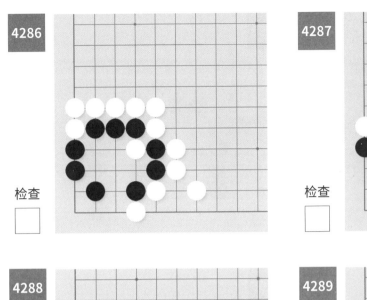

检查

4287

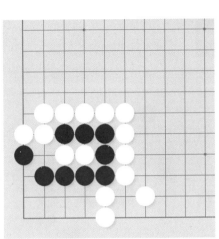

检查

4288

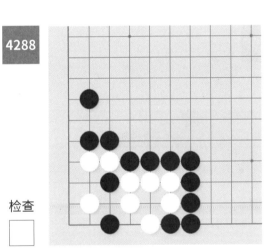

检查

4289

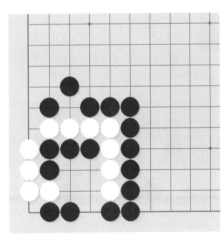

检查

4290

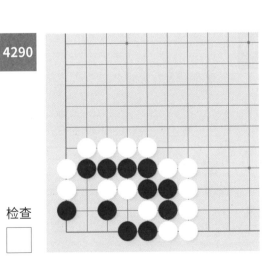

检查

4291

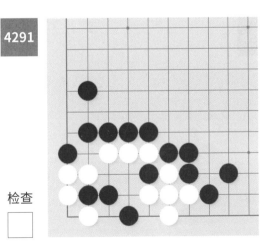

检查

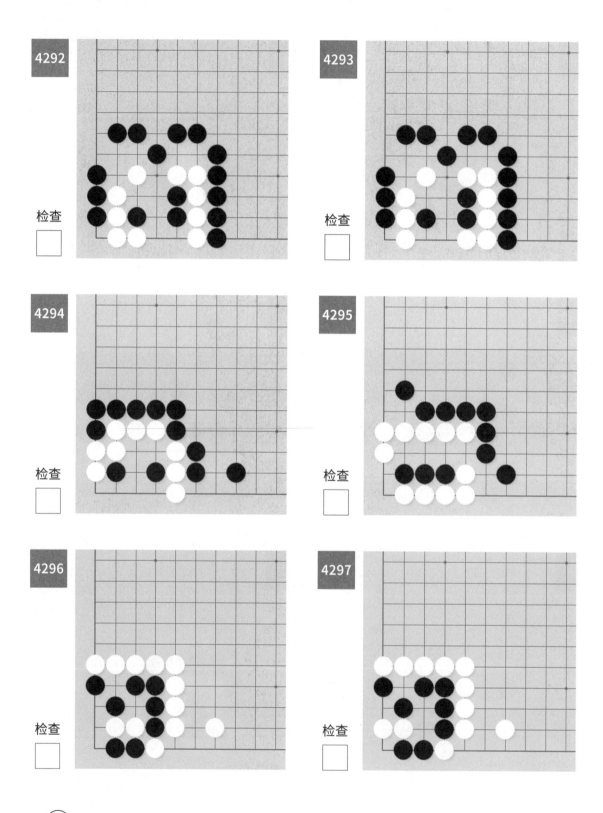

4298

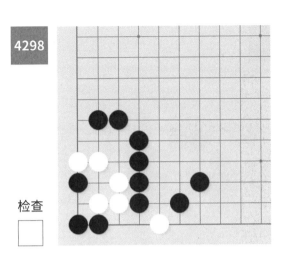

检查

4299

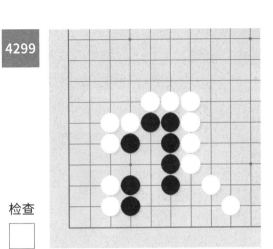

检查

4300

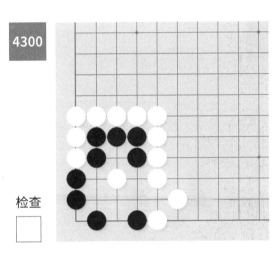

检查

4301

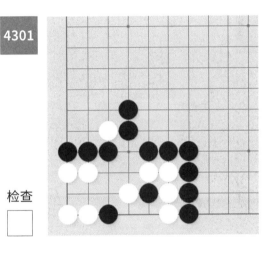

检查

4302

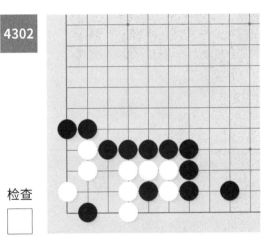

检查

4303

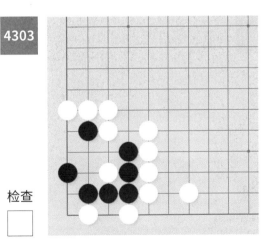

检查

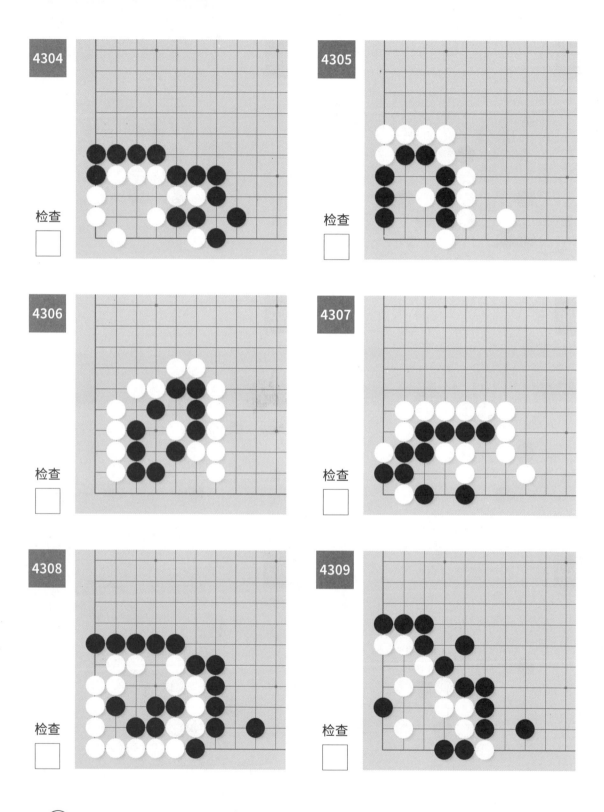

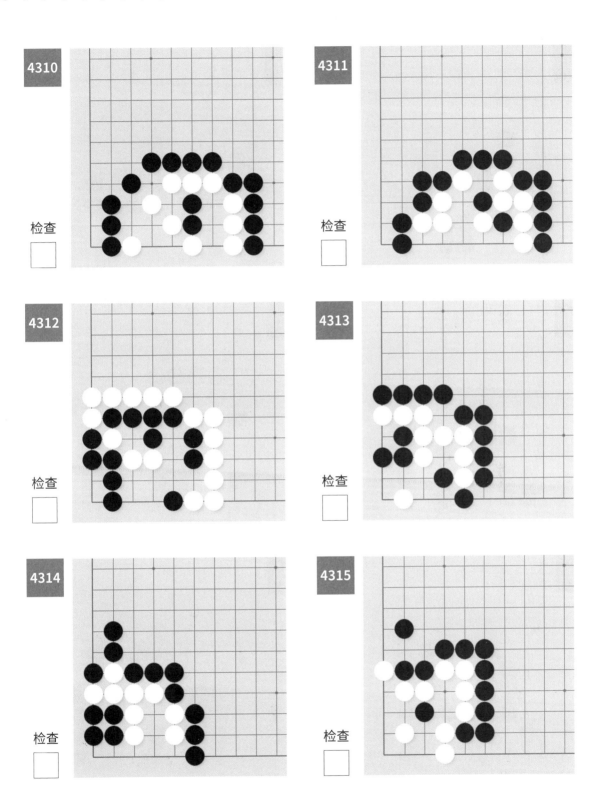

4310

4311

4312

4313

4314

4315

检查

检查

检查

检查

检查

检查

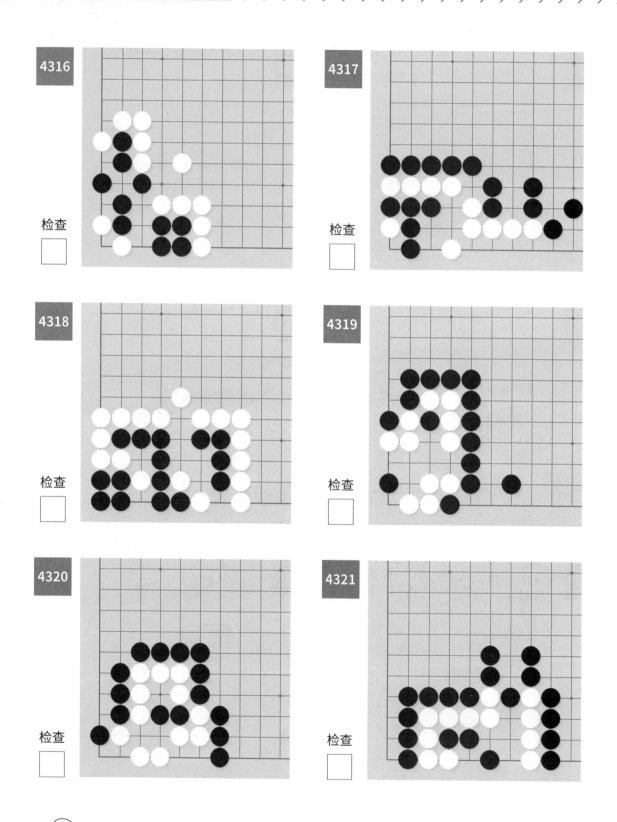

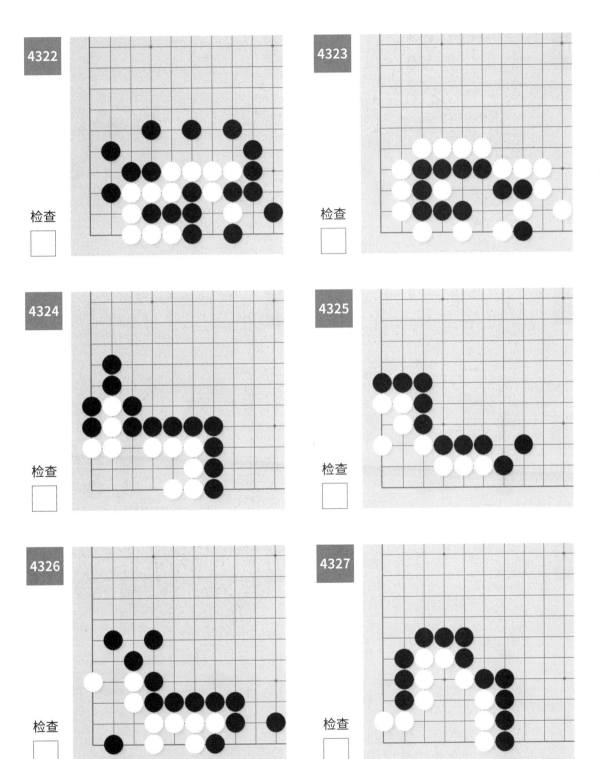

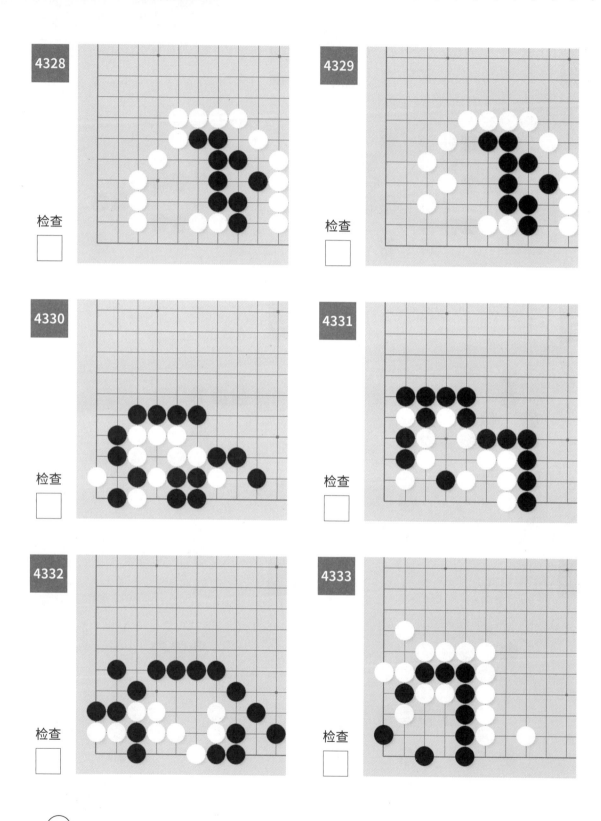

4334

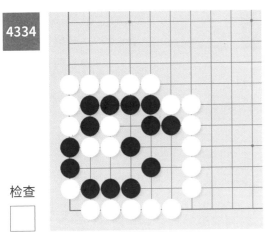

检查

4335

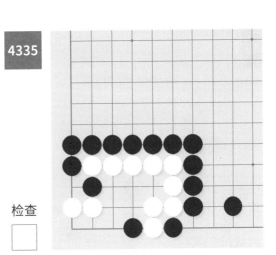

检查

4336

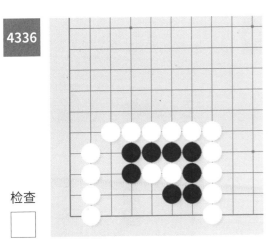

检查

4337

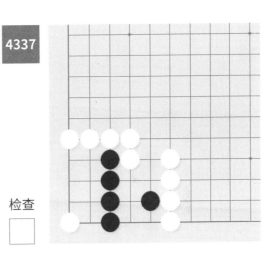

检查

4338

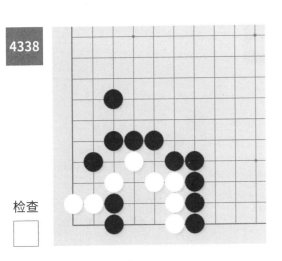

检查

4339

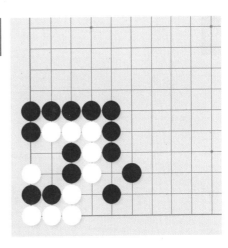

检查

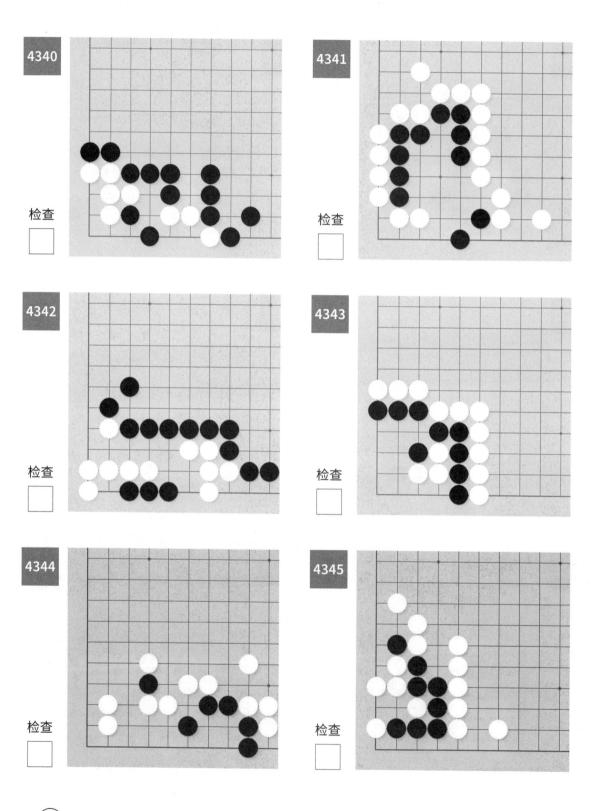

4346

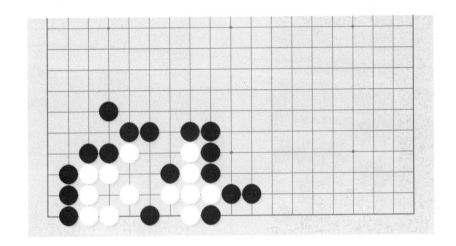

检查

4347

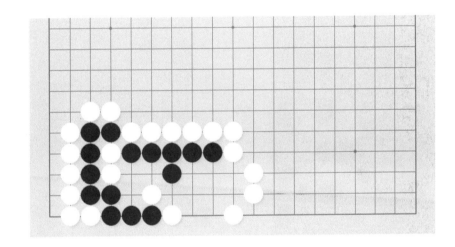

检查

4348

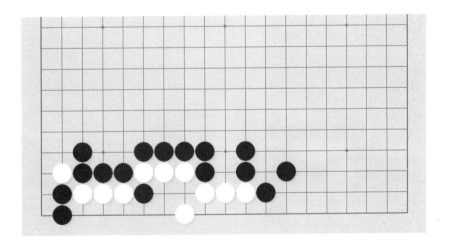

检查

4349

检查

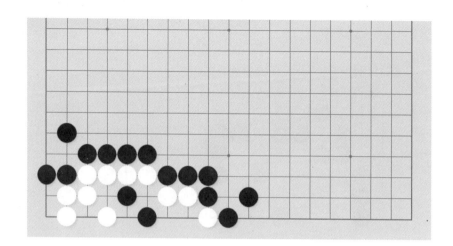

4350

检查

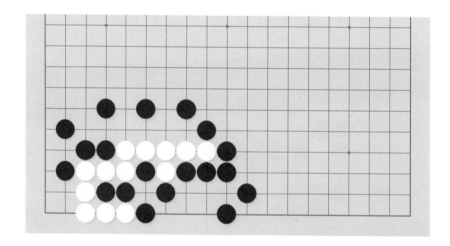

4351

检查

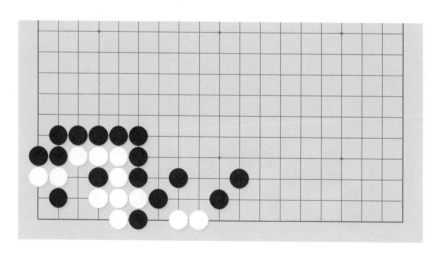

4352

检查

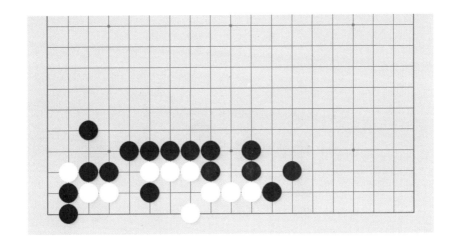

4353

检查

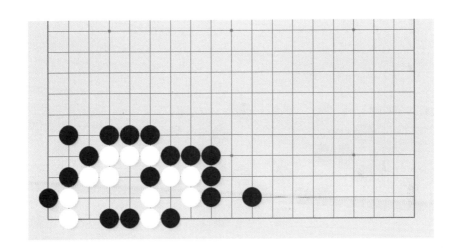

4354

检查

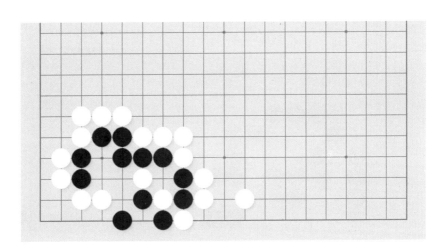

4355

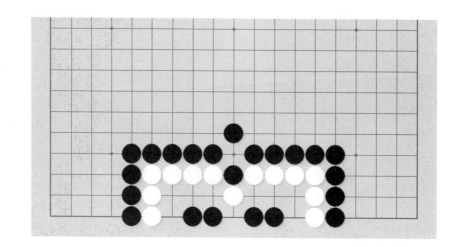

检查

4356

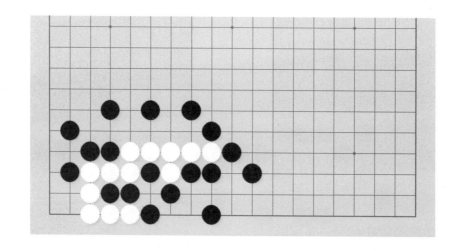

检查

4357

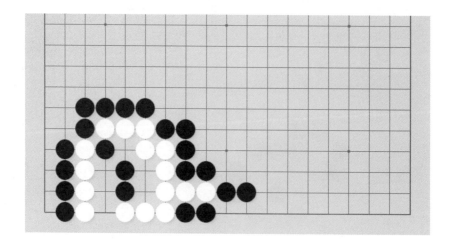

检查

4358

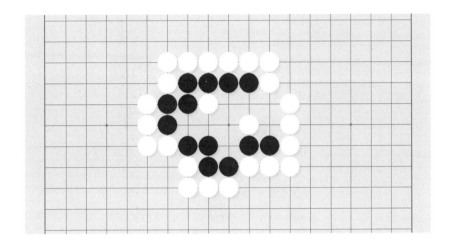

4359

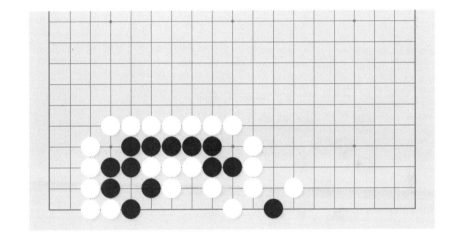

4360

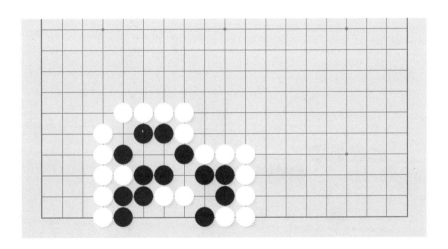

4361

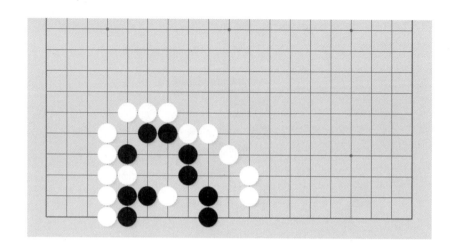

检查

4362

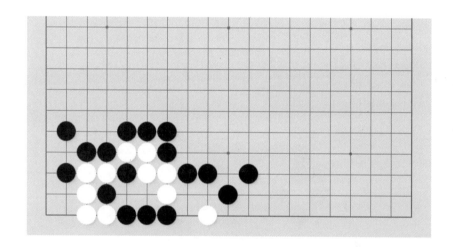

检查

4363

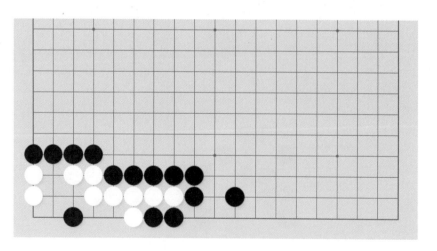

检查

4364

检查

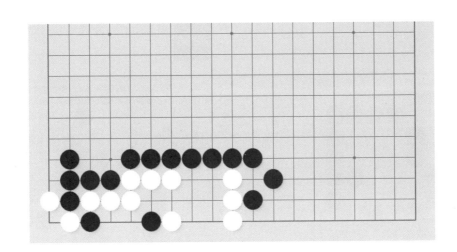

死活常型

死活常型指的是易在实战中出现的有特定名称的一类棋形，例如大猪嘴、小猪嘴、板六等。

面对死活常型时，和一般诘棋处理方式有所不同，我们除了解题外，还需要花时间完成简单的记忆。因为，若是在实战中出现，就如同送分题，若还要再花大量的时间去解答就太费力了。平时对死活常型有印象的话，实战中我们只要对所遇到的相似棋形简单确认即可。

——檀啸

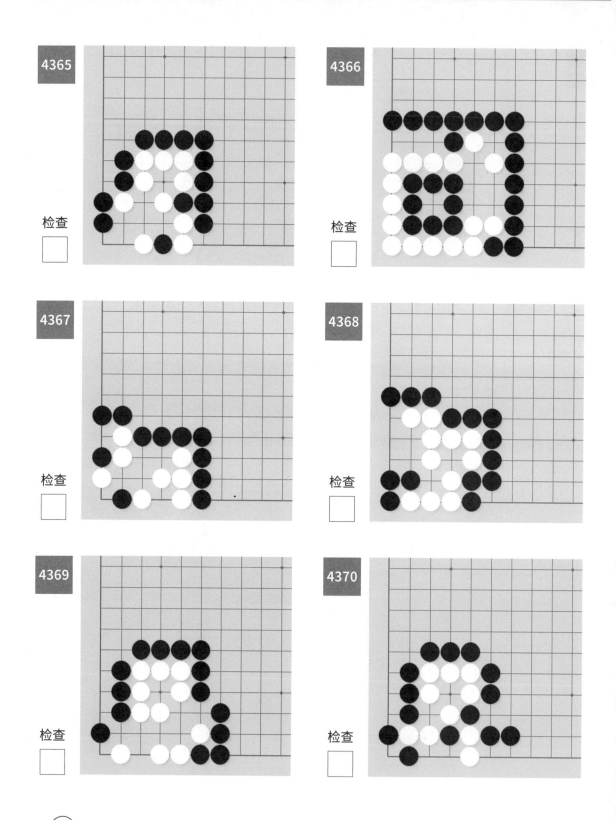

4371

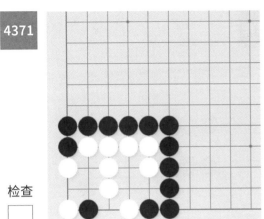

检查

4372

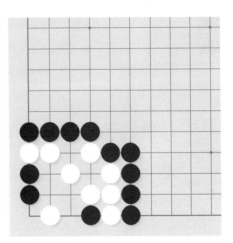

检查

4373

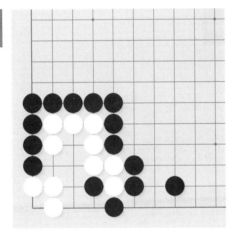

检查

4374

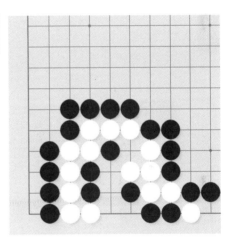

检查

4375

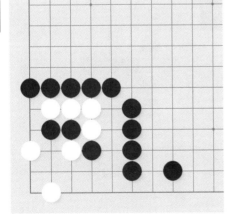

检查

4376

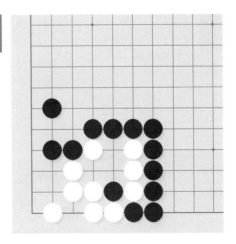

检查

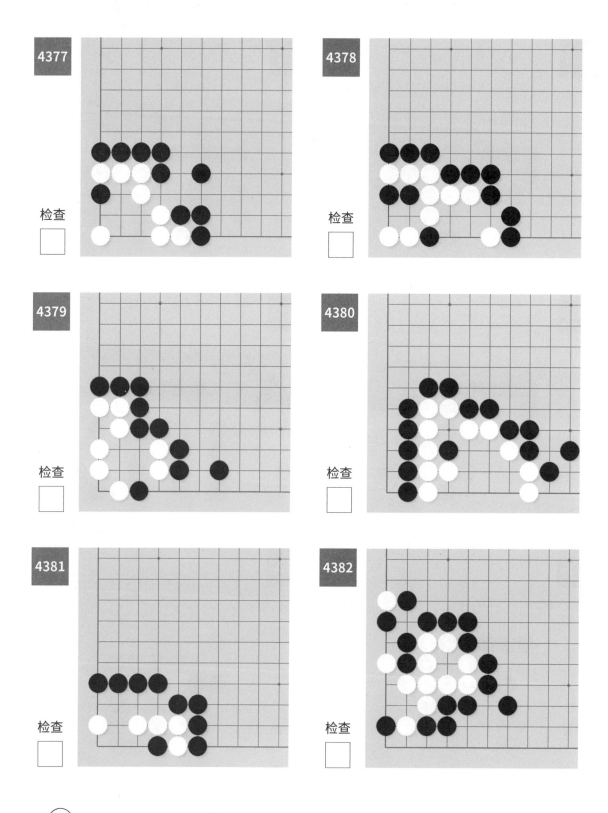

4383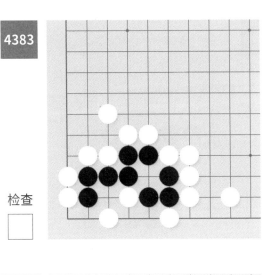

检查

4384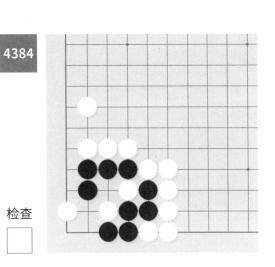

检查

4385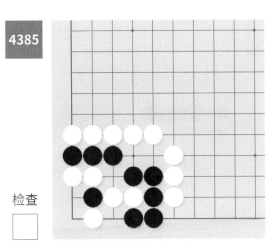

检查

4386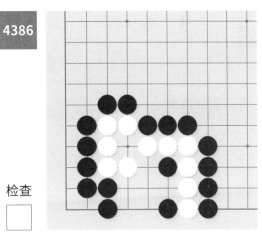

检查

4387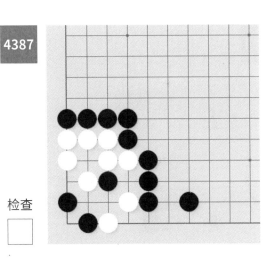

检查

4388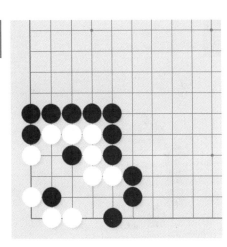

检查

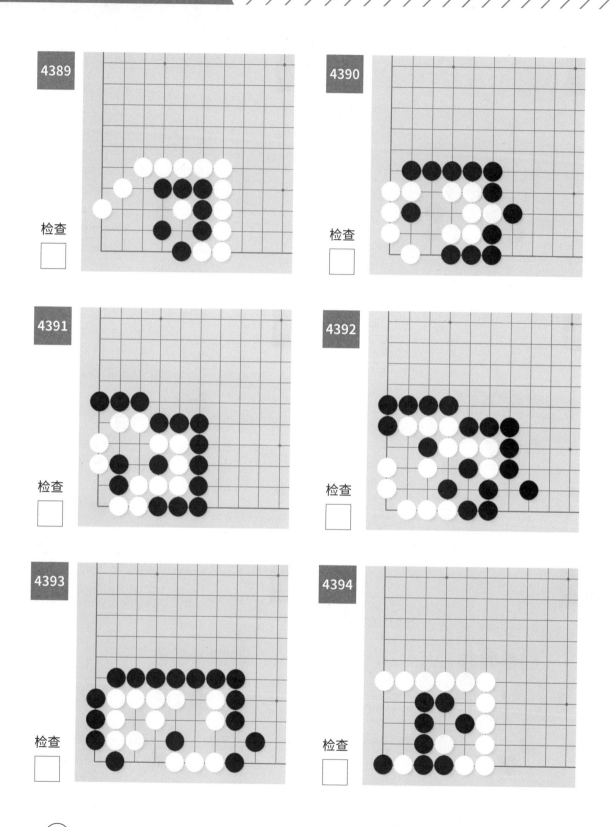

4389

检查

4390

检查

4391

检查

4392

检查

4393

检查

4394

检查

4395

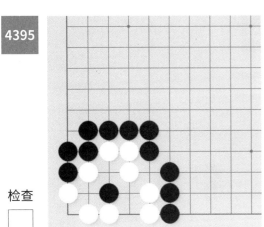

检查

4396

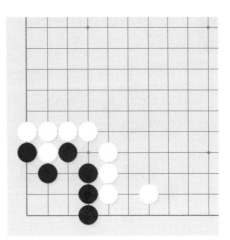

检查

4397

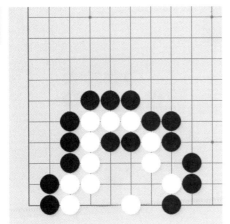

检查

4398

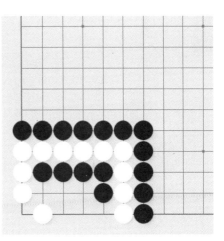

检查

4399

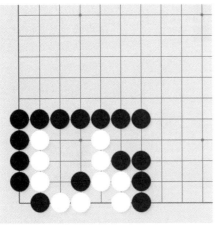

检查

4400

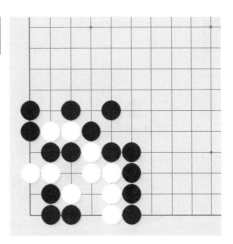

检查

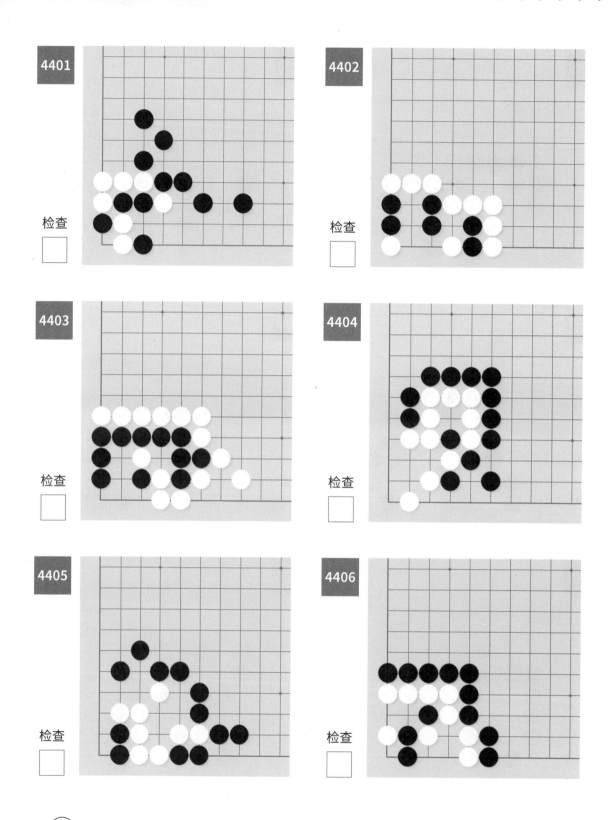

4407

检查

4408

检查

4409

检查

4410

检查

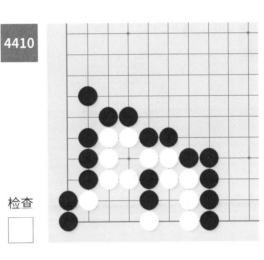

4411

检查

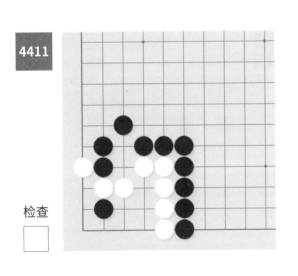

4412

检查

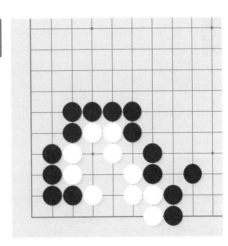

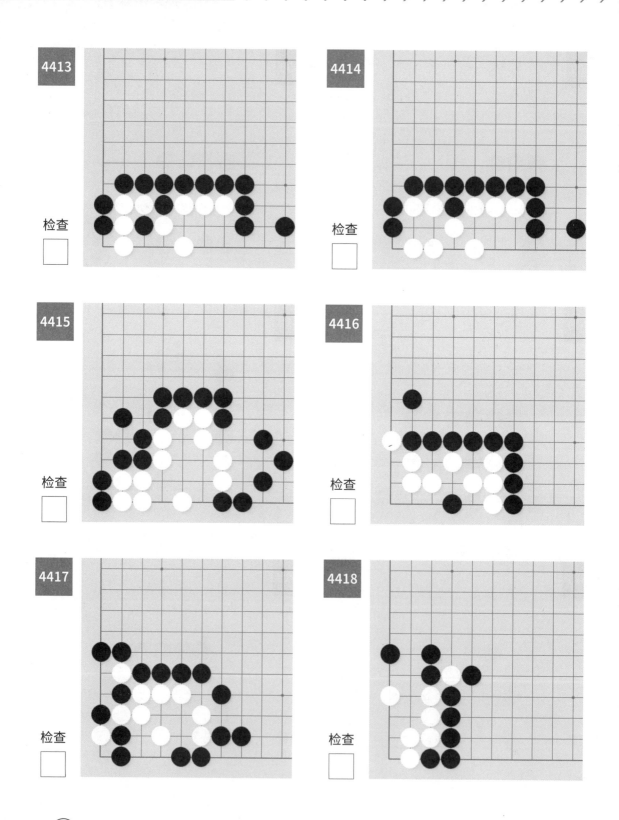

4419

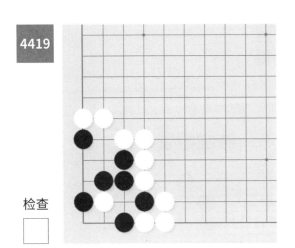

检查

4420

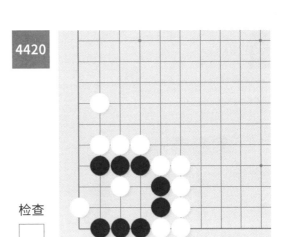

检查

4421

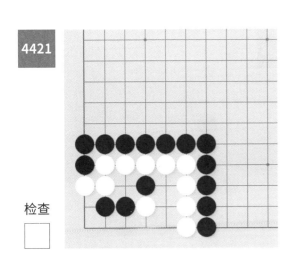

检查

4422

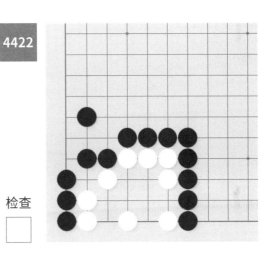

检查

4423

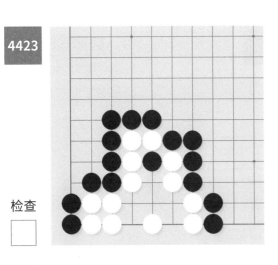

检查

4424

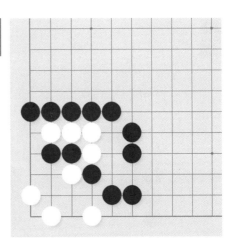

检查

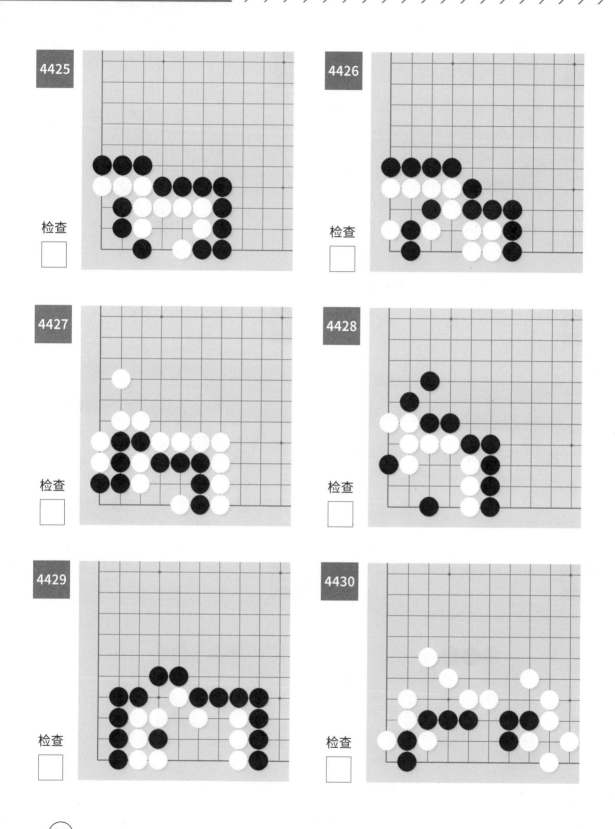

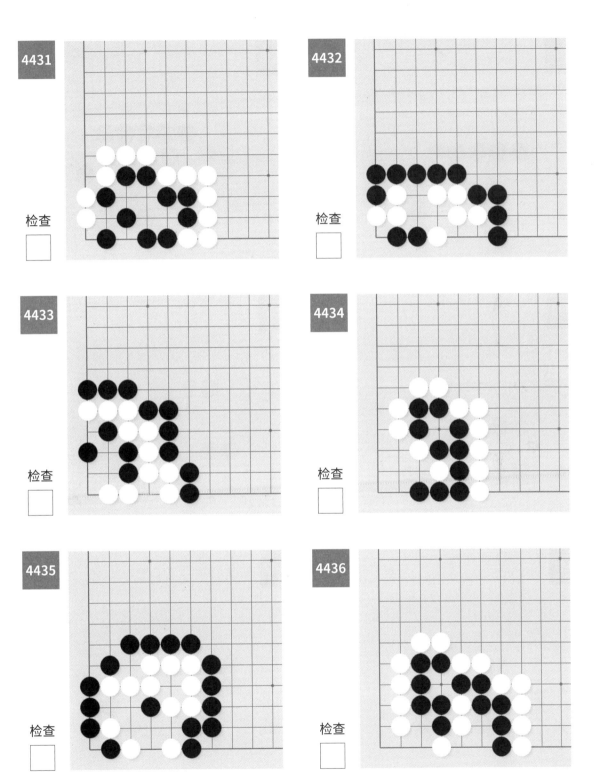

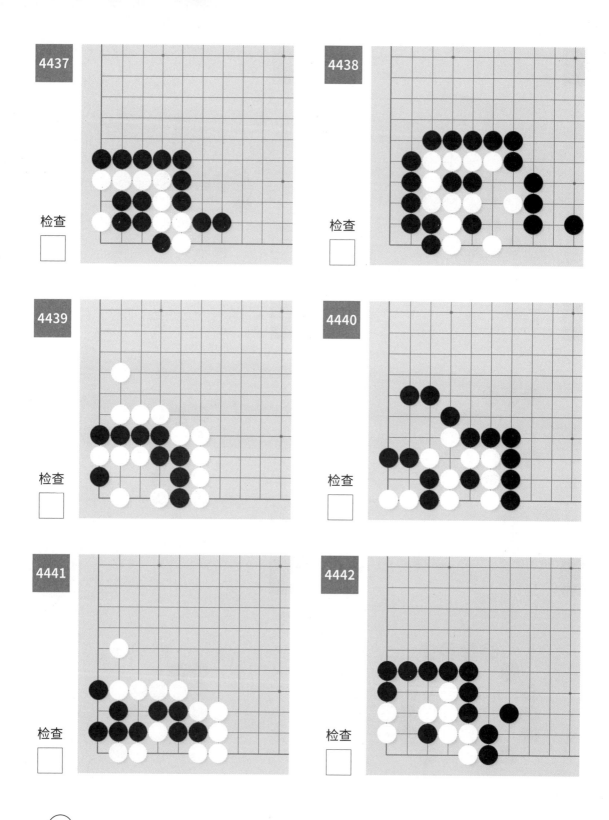

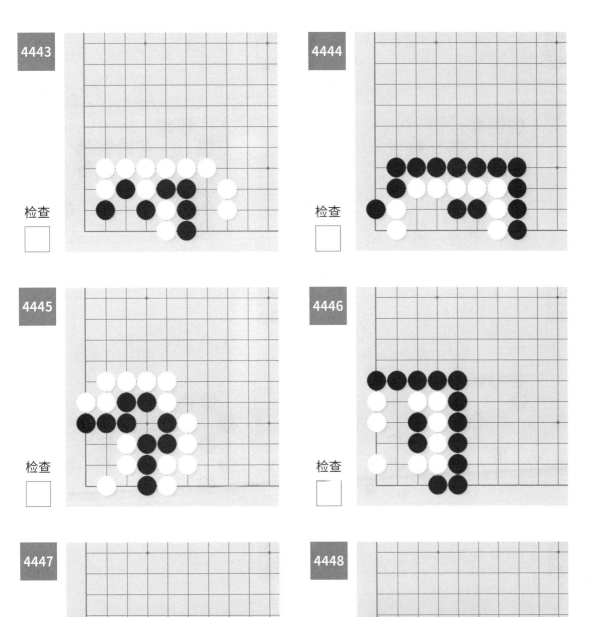

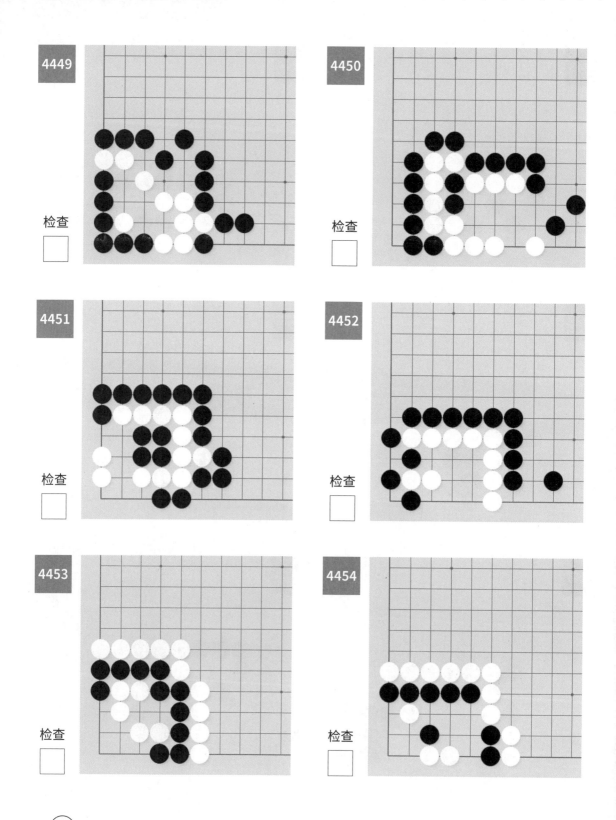

4455

检查

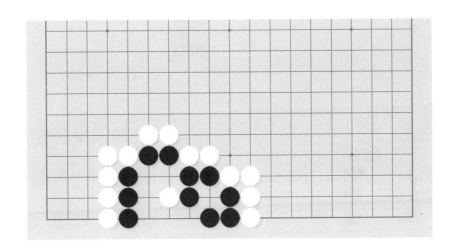

4456

检查

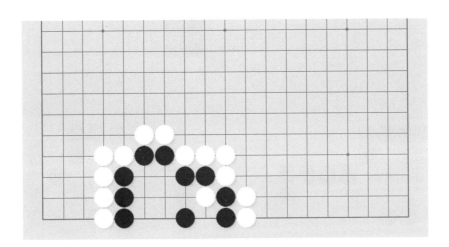

4457

检查

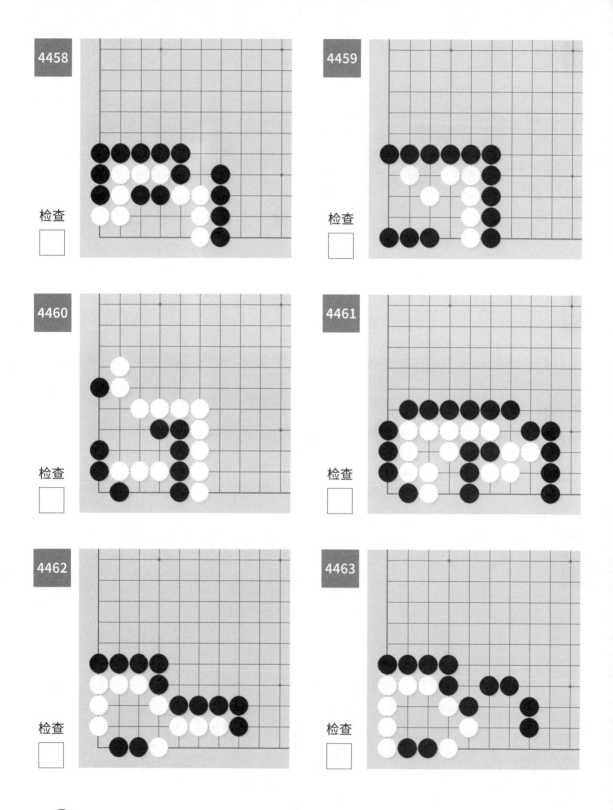

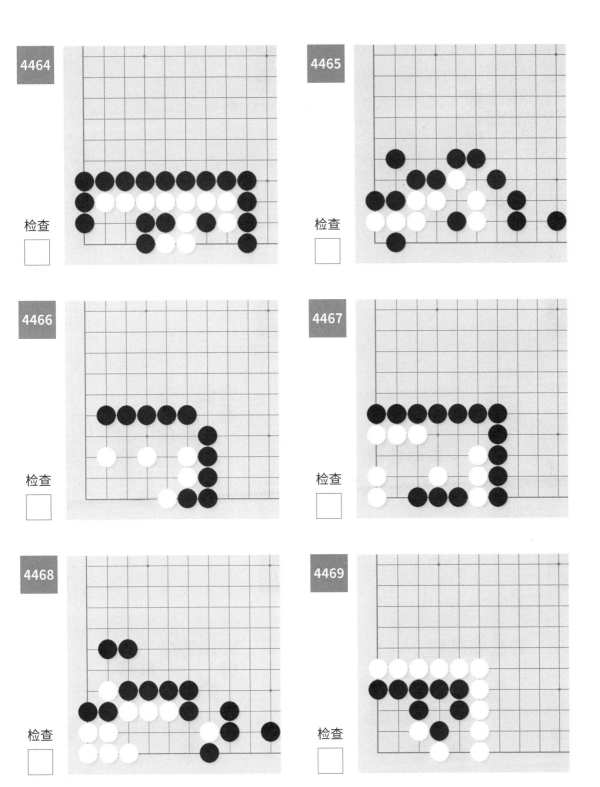

4464

检查

4465

检查

4466

检查

4467

检查

4468

检查

4469

检查

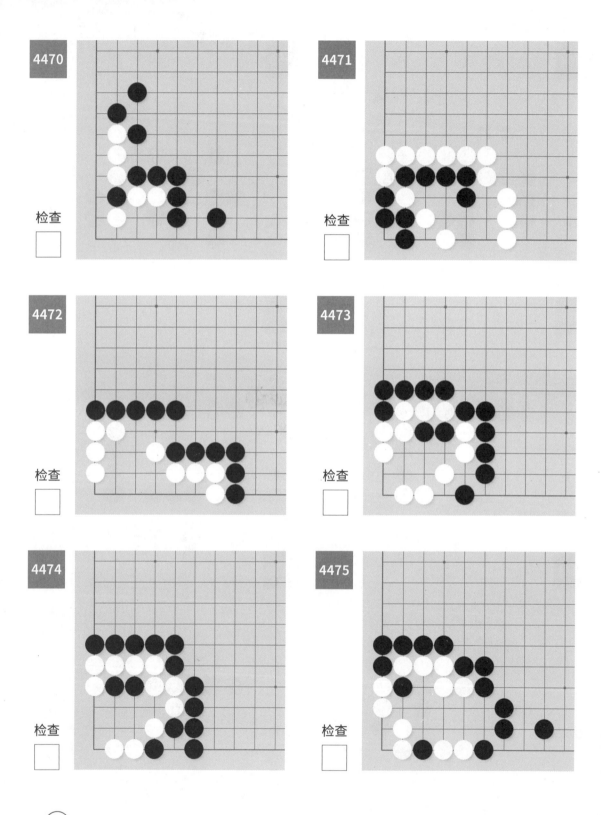

4476

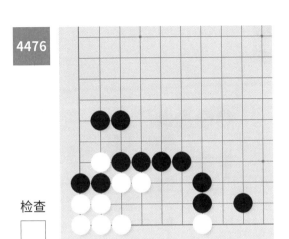

检查

4477

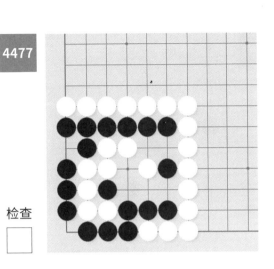

检查

4478

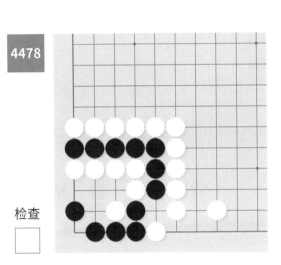

检查

4479

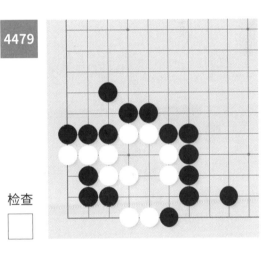

检查

4480

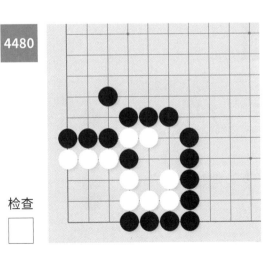

检查

4481

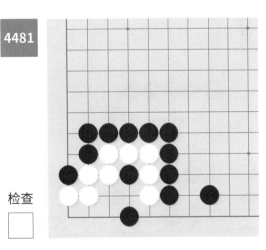

检查

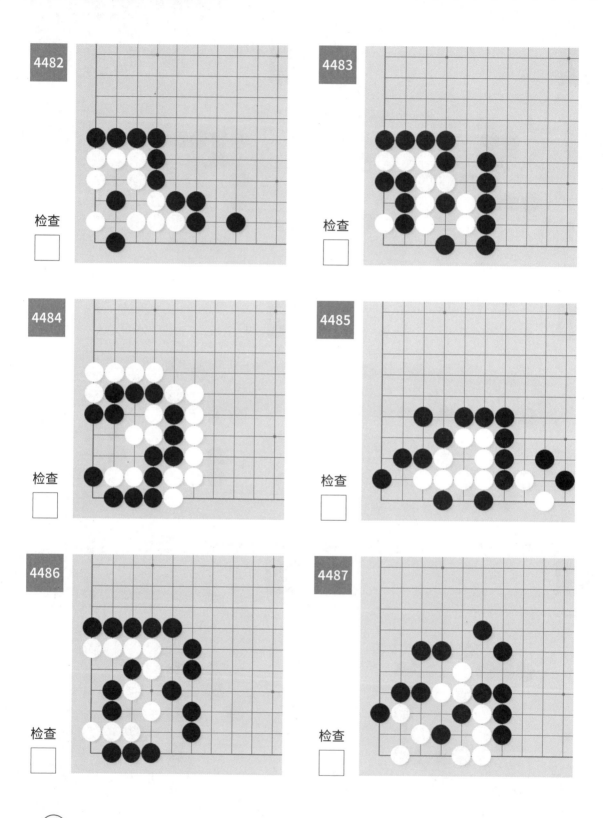

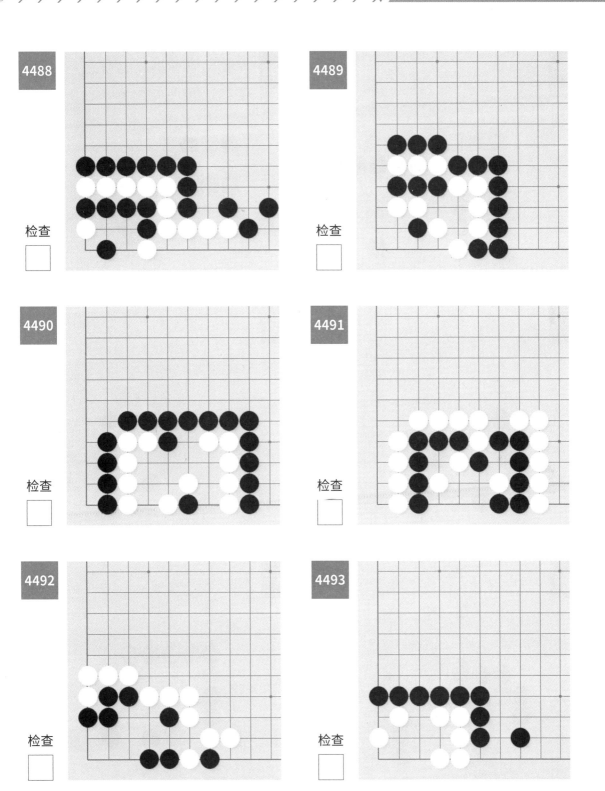

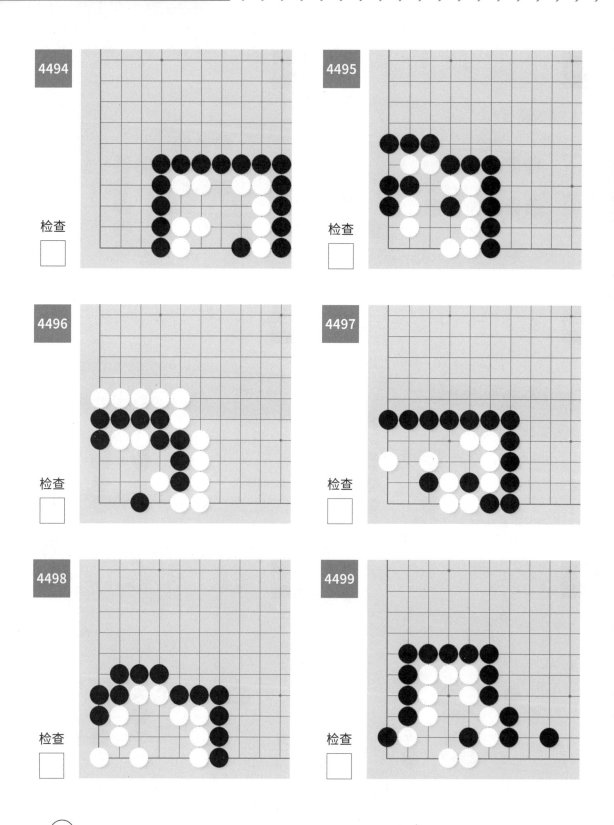

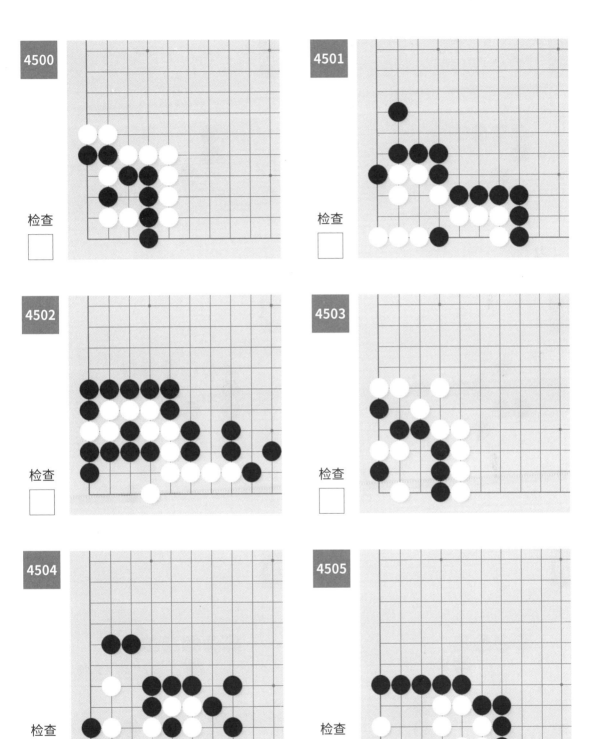

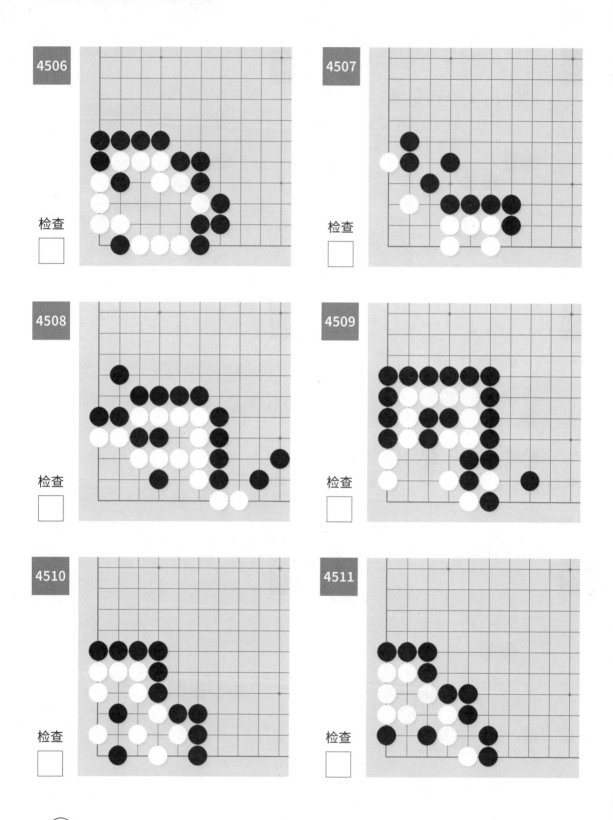

4512

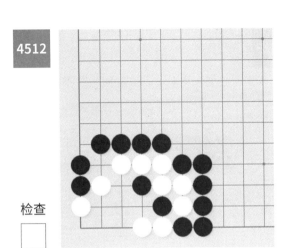

检查

4513

检查

4514

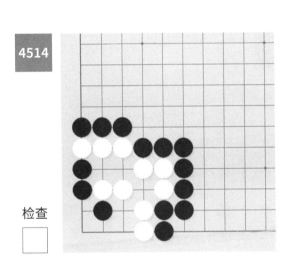

检查

4515

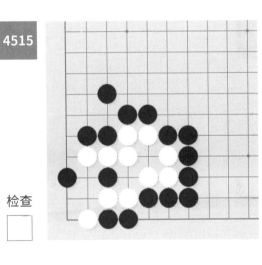

检查

4516

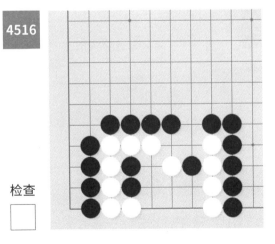

检查

4517

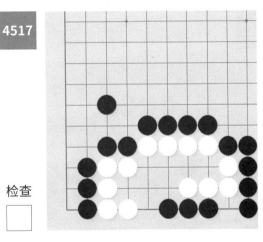

检查

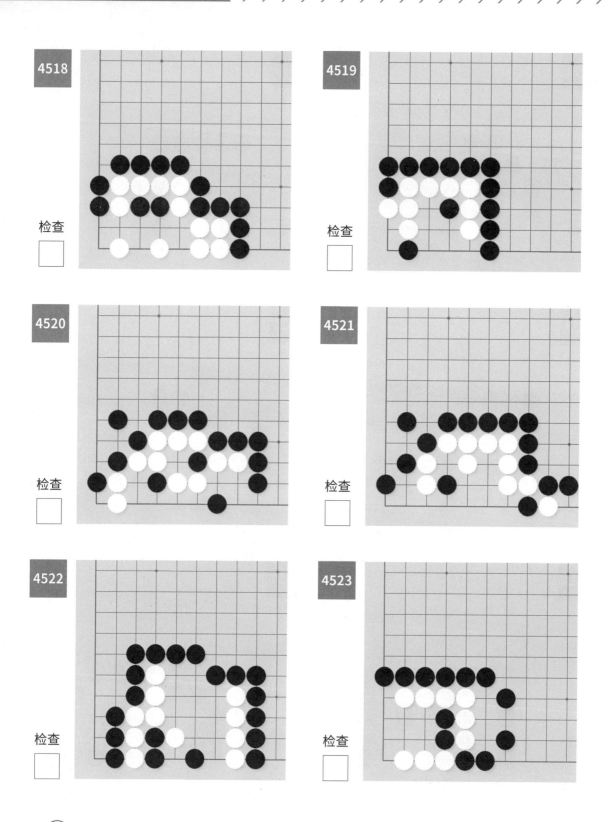

4524

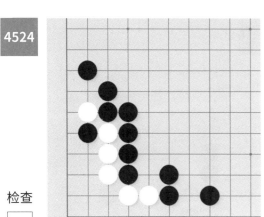

检查

4525

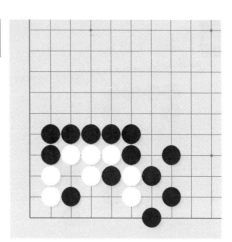

检查

4526

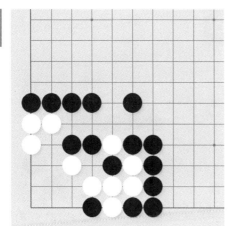

检查

4527

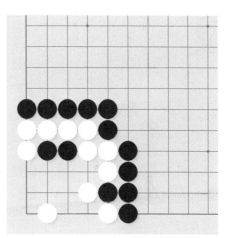

检查

4528

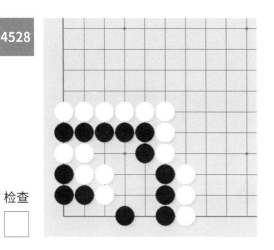

检查

4529

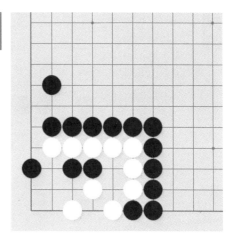

检查

4530

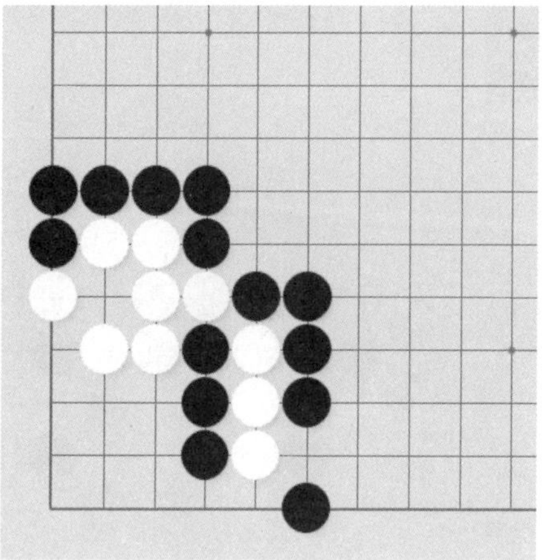

检查 □

4531

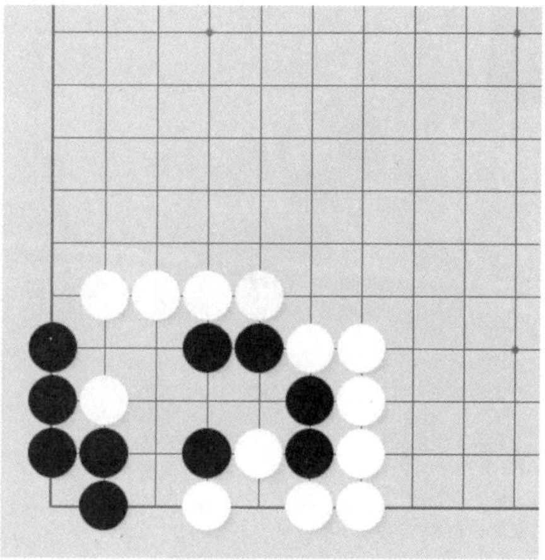

检查 □

4532

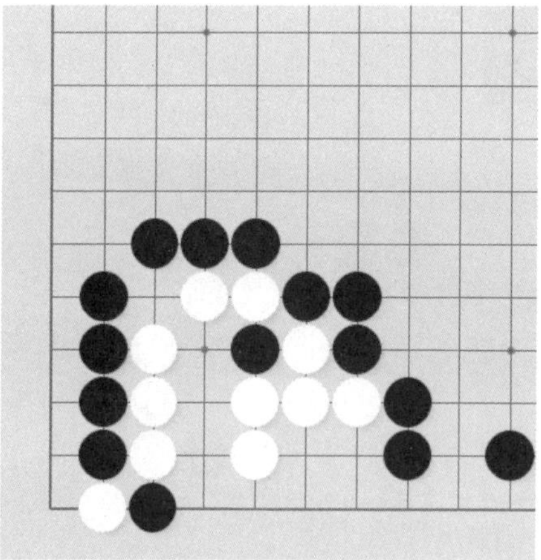

检查 □

4533

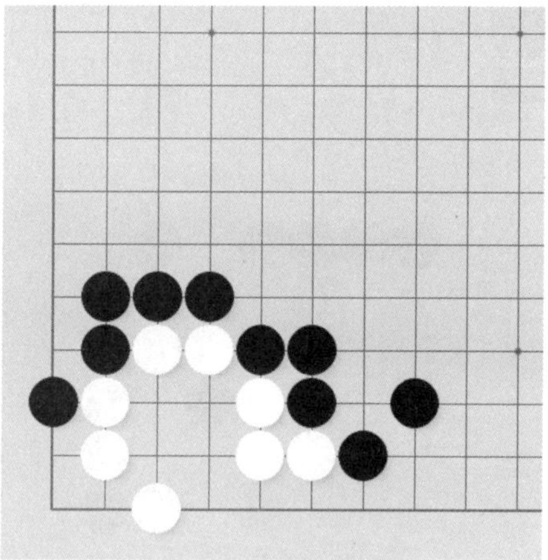

检查 □

4534

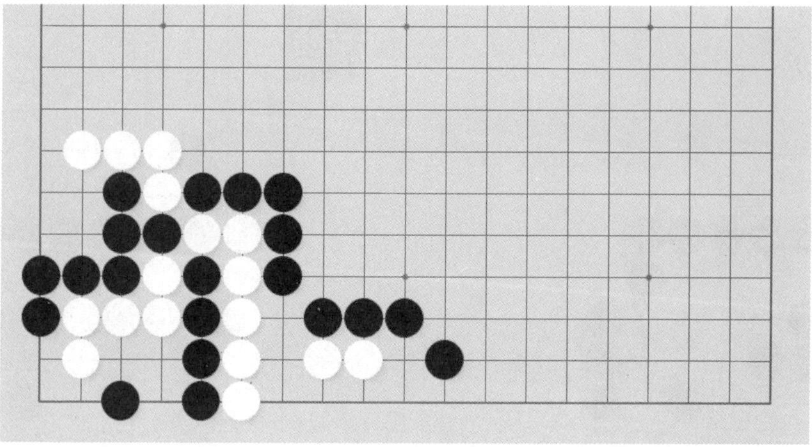

检查 □

4535

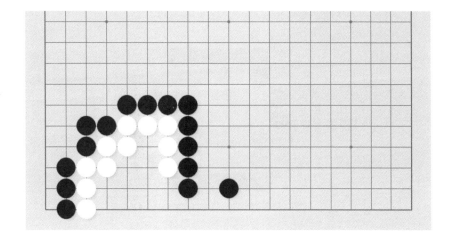

检查

4536

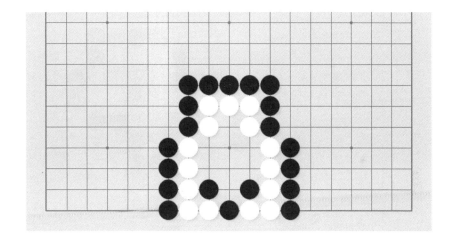

检查

4537

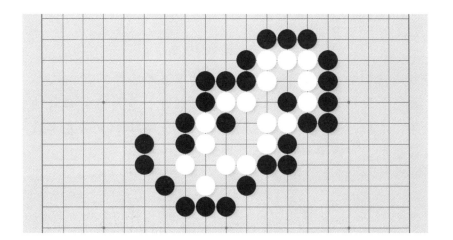

检查

4538

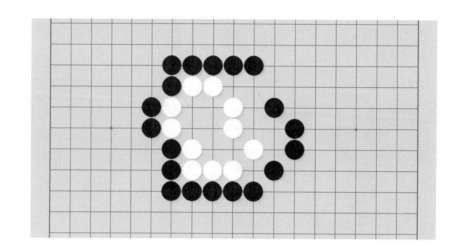

检查

4539

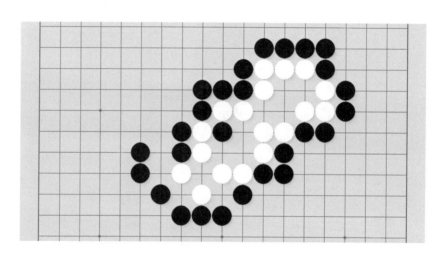

检查

金柜角

在死活常型中，最令人害怕的莫过于金柜角了。

金柜角往往带点神秘色彩，在九宫格中，有着各式各样的变化。包含净活、本劫、缓气劫、万年劫、双活等。各位棋友若在实战中出现金柜角的棋形，一定要详加计算、多加留意才行。

——卫泓泰

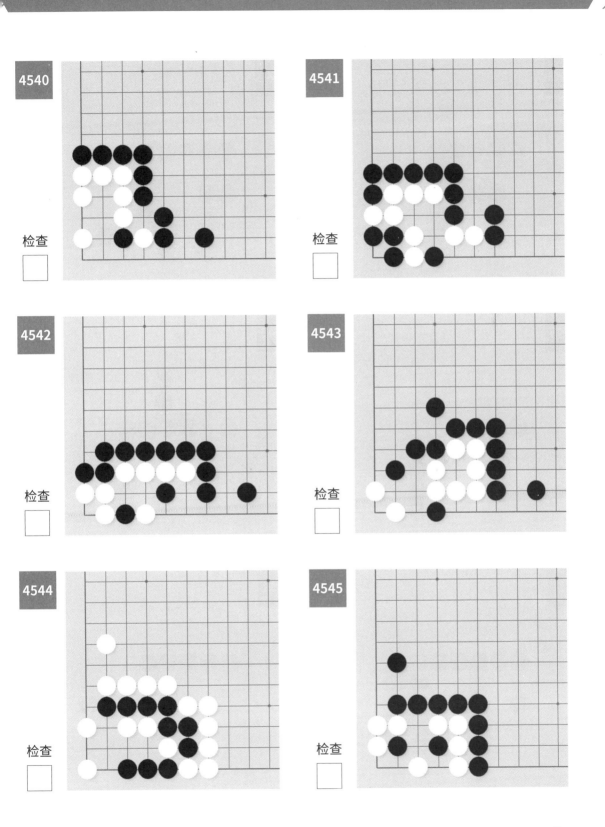

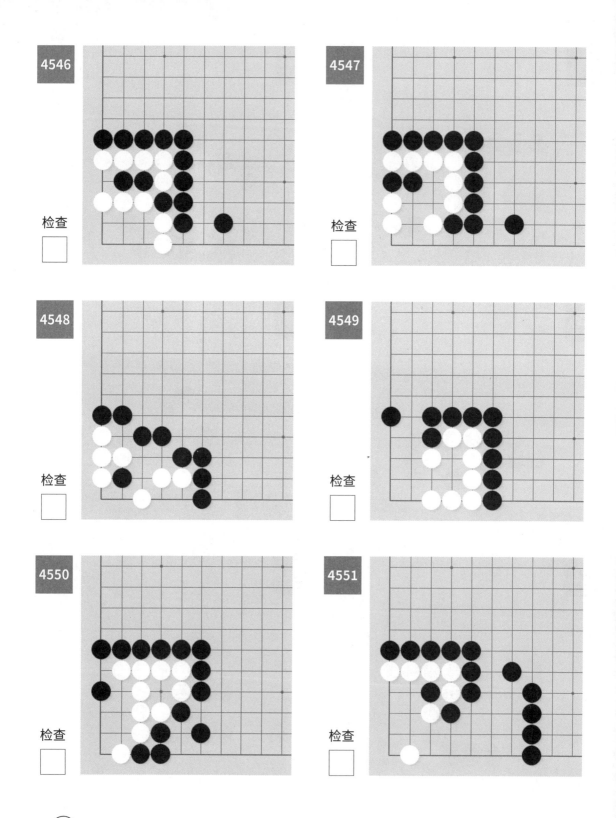

4552

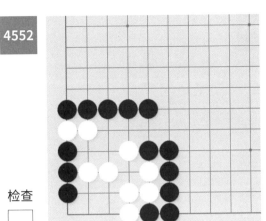

检查

4553

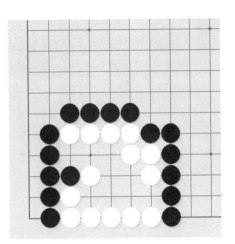

检查

4554

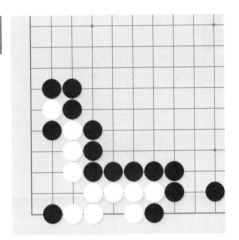

检查

4555

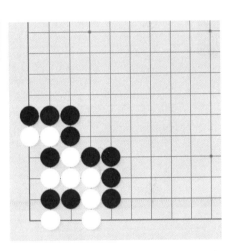

检查

4556

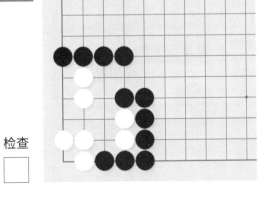

检查

4557

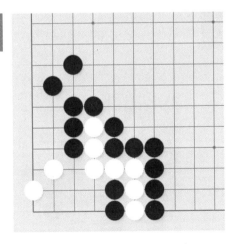

检查

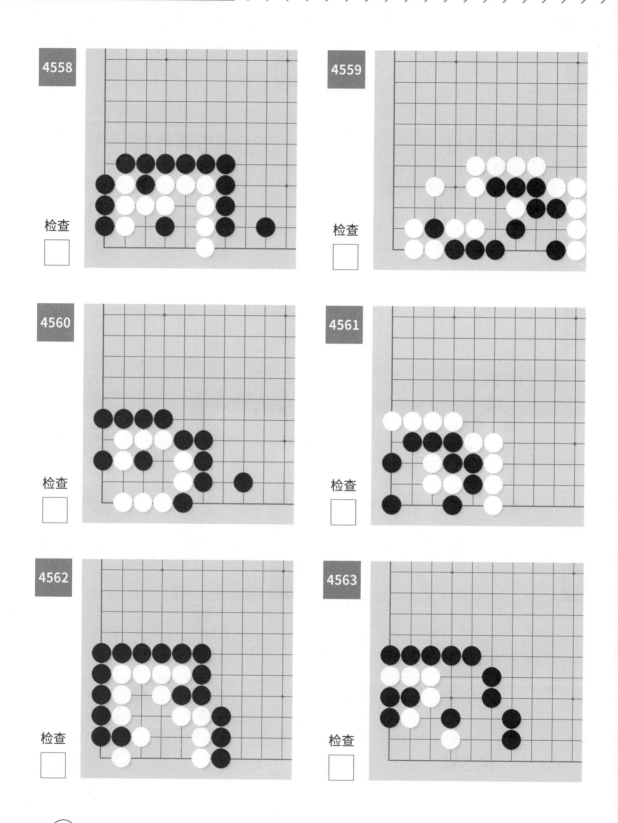

4558　检查

4559　检查

4560　检查

4561　检查

4562　检查

4563　检查

4564

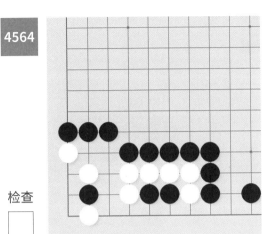

检查

4565

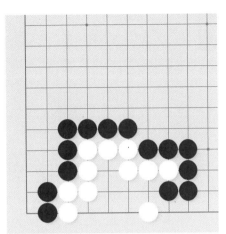

检查

4566

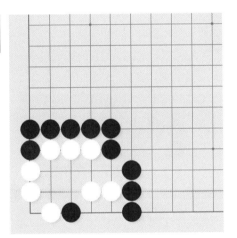

检查

4567

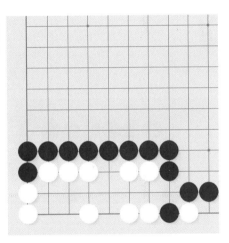

检查

4568

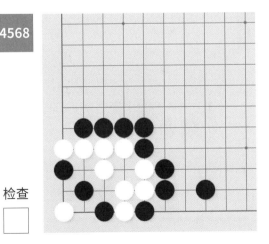

检查

4569

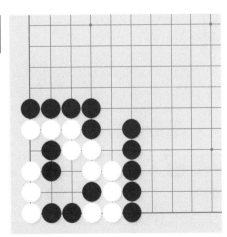

检查

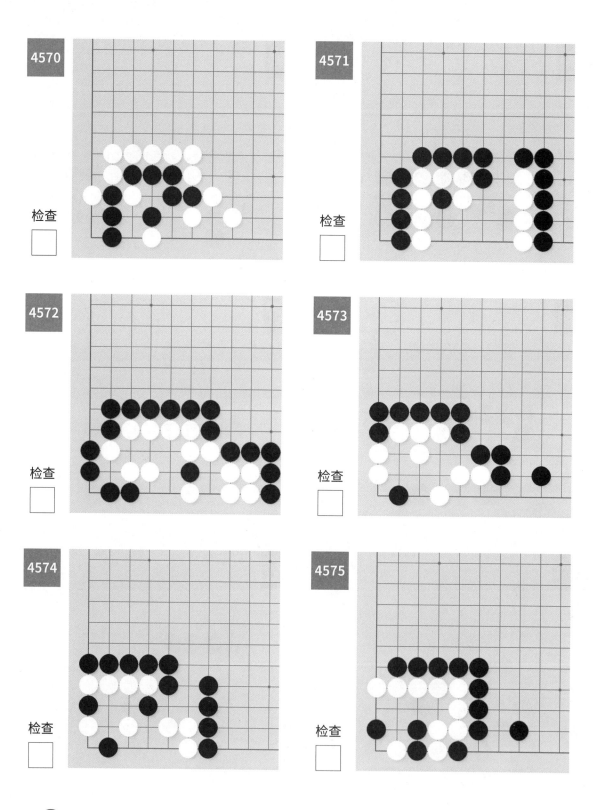

4576

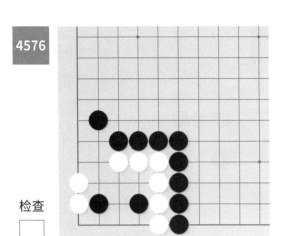

检查

4577

检查

4578

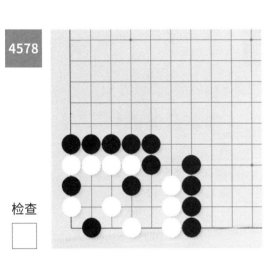

检查

4579

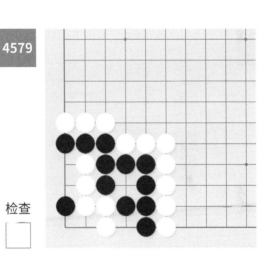

检查

4580

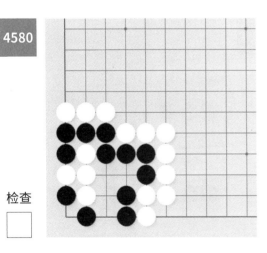

检查

4581

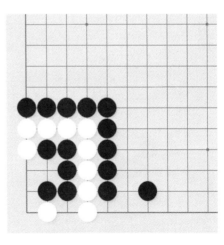

检查

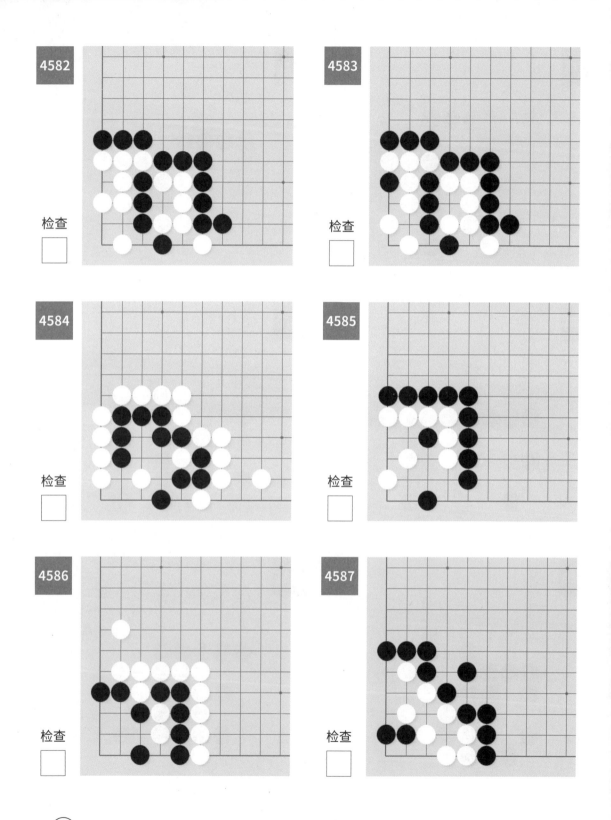

4582

检查

4583

检查

4584

检查

4585

检查

4586

检查

4587

检查

4588
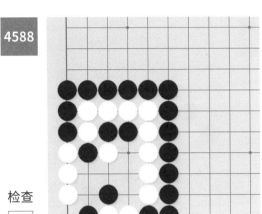

检查

4589
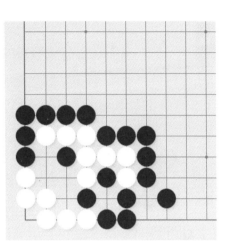

检查

4590
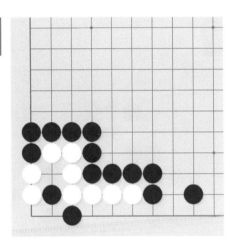

检查

4591
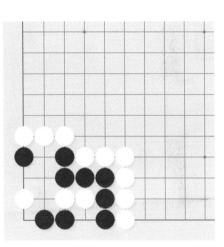

检查

4592
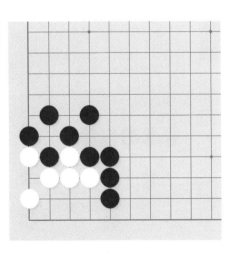

检查

4593
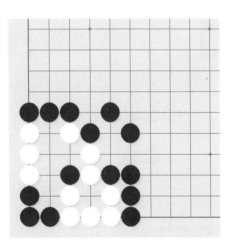

检查

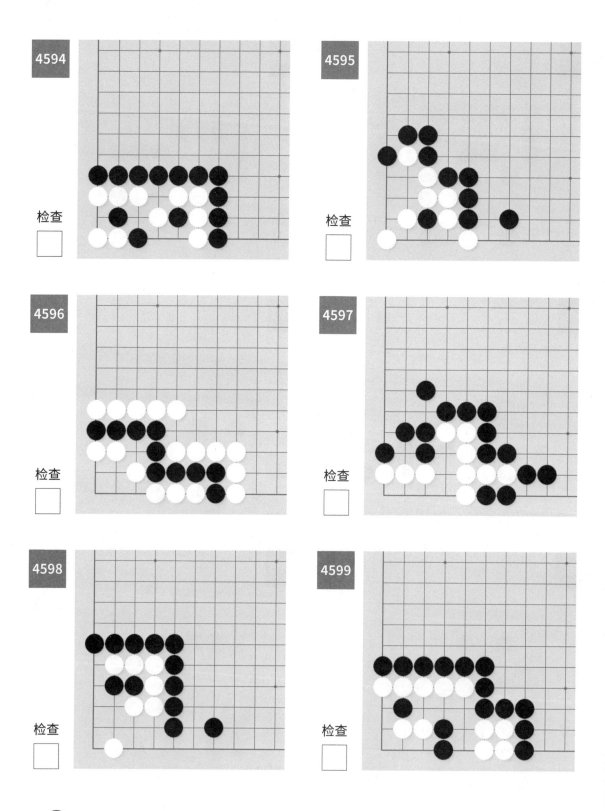

4600

检查

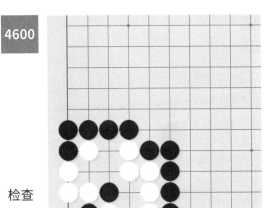

4601

检查

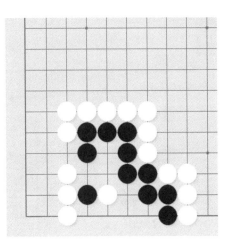

4602

检查

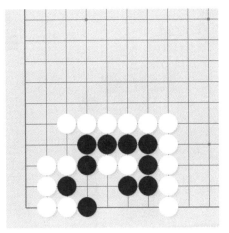

4603

检查

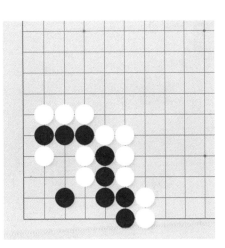

4604

检查

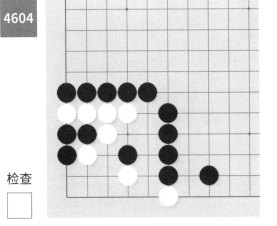

4605

检查

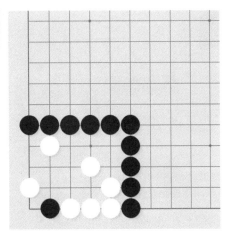

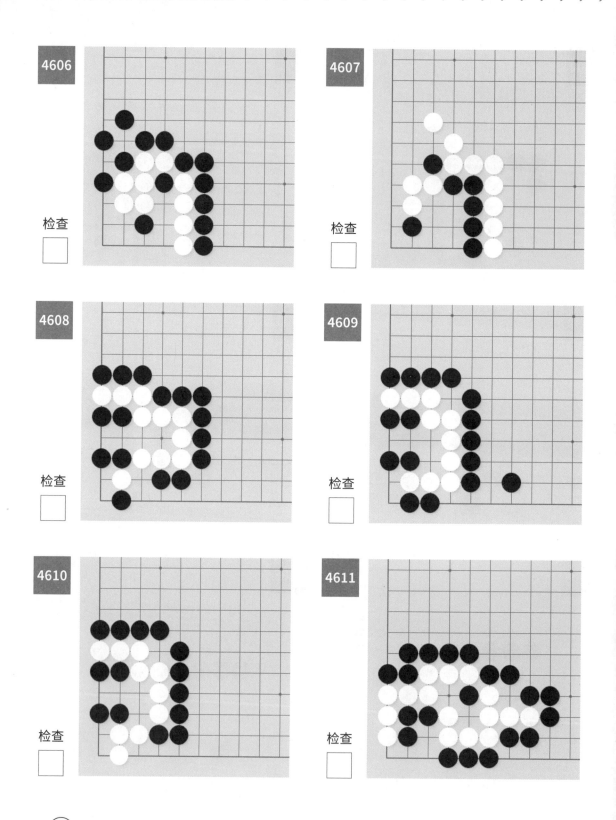

4612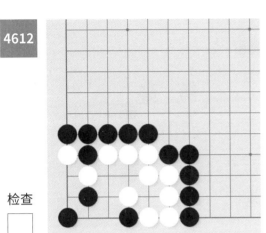

检查

4613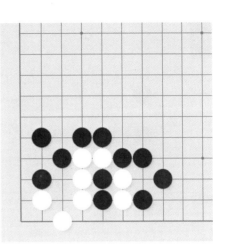

检查

4614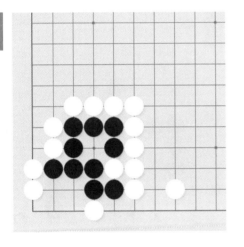

检查

4615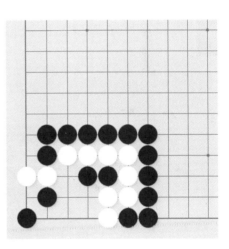

检查

4616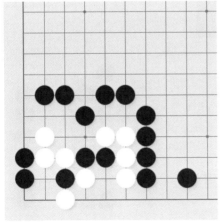

检查

4617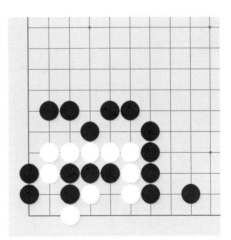

检查

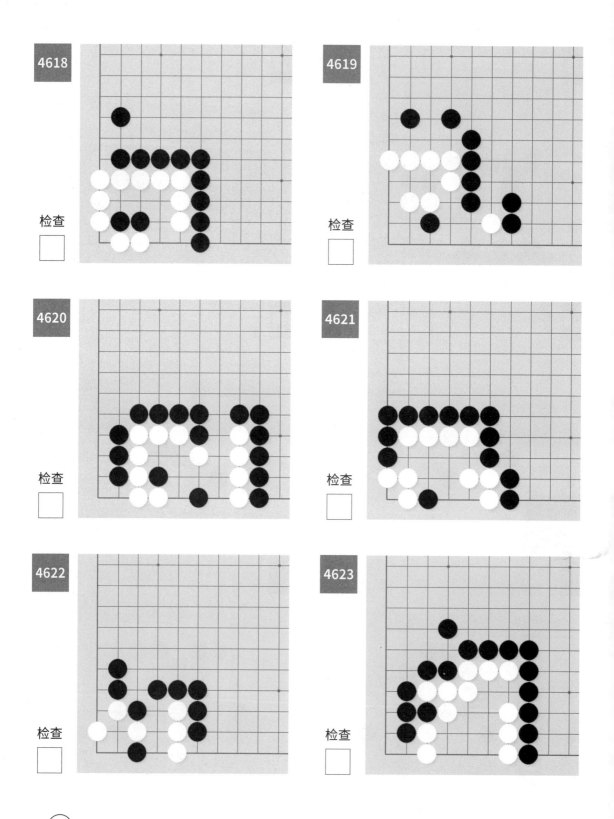

4624

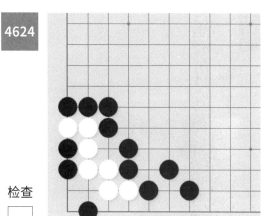

检查

4625

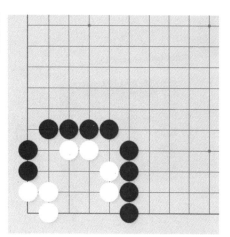

检查

4626

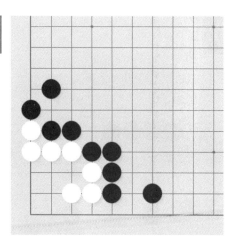

检查

4627

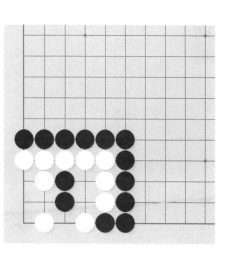

检查

4628

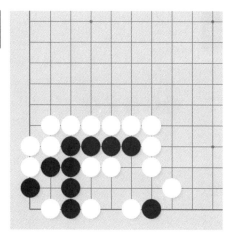

检查

4629

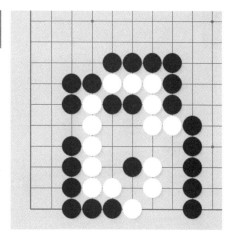

检查

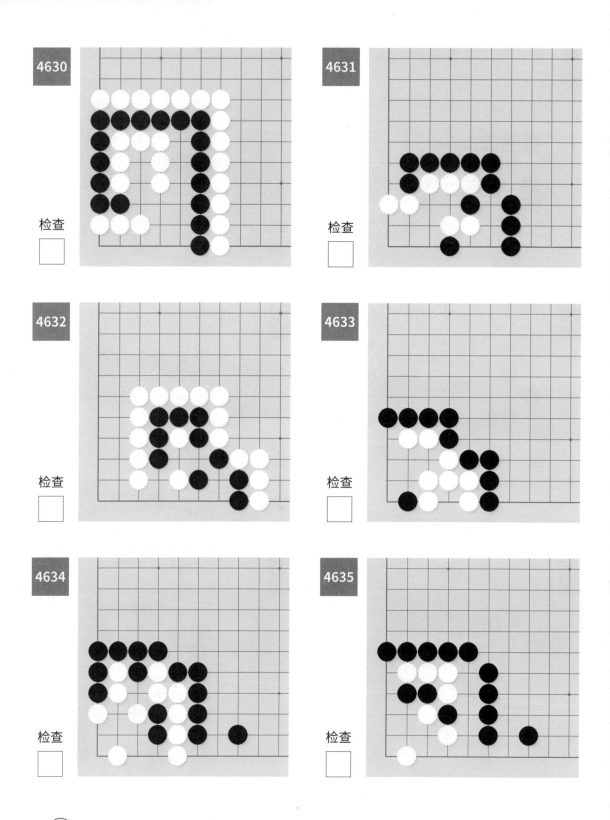

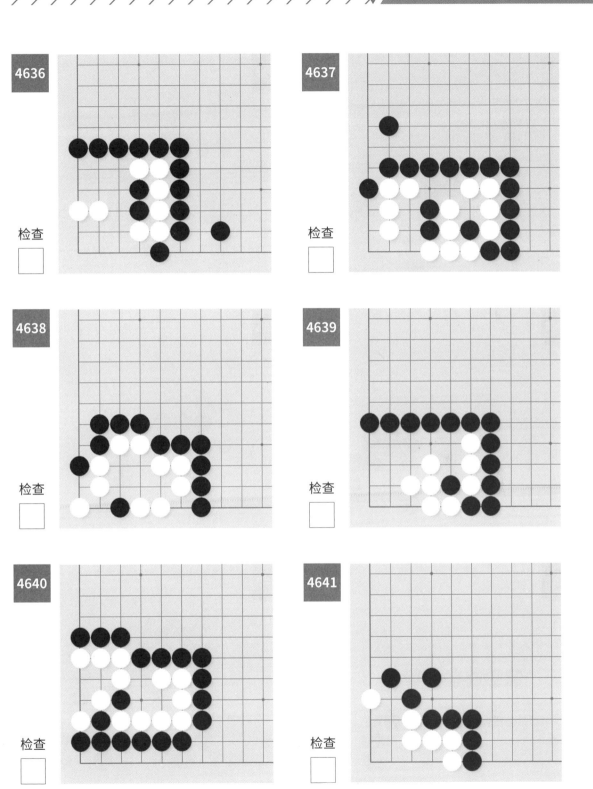

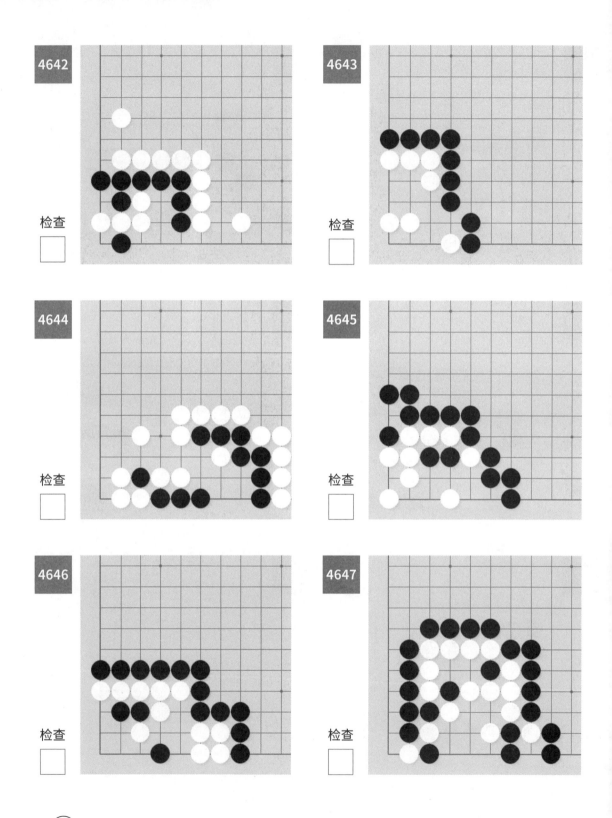

4648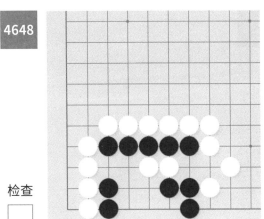

检查

4649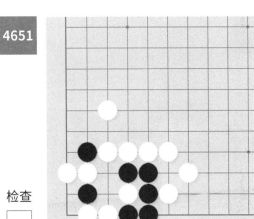

检查

4650

检查

4651

检查

4652

检查

4653

检查

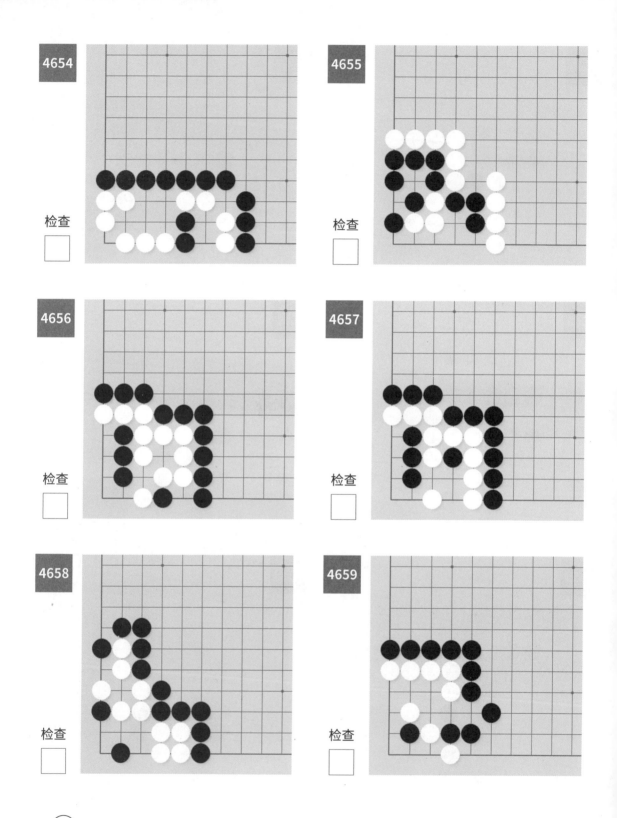

4660
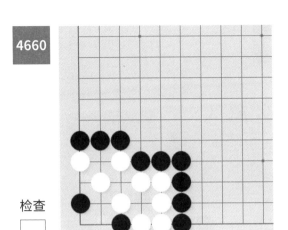
检查

4661
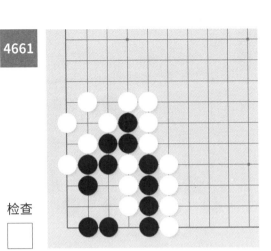
检查

4662
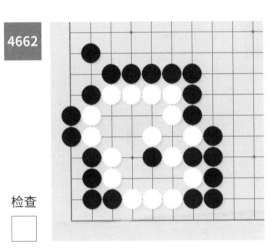
检查

4663
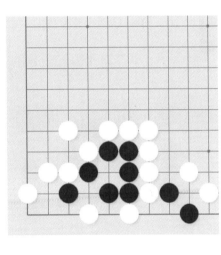
检查

4664
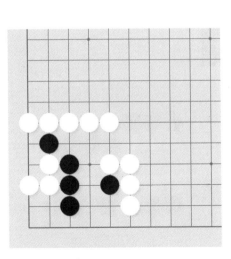
检查

4665
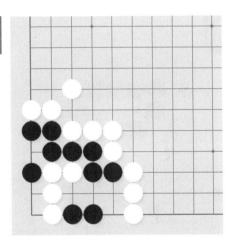
检查

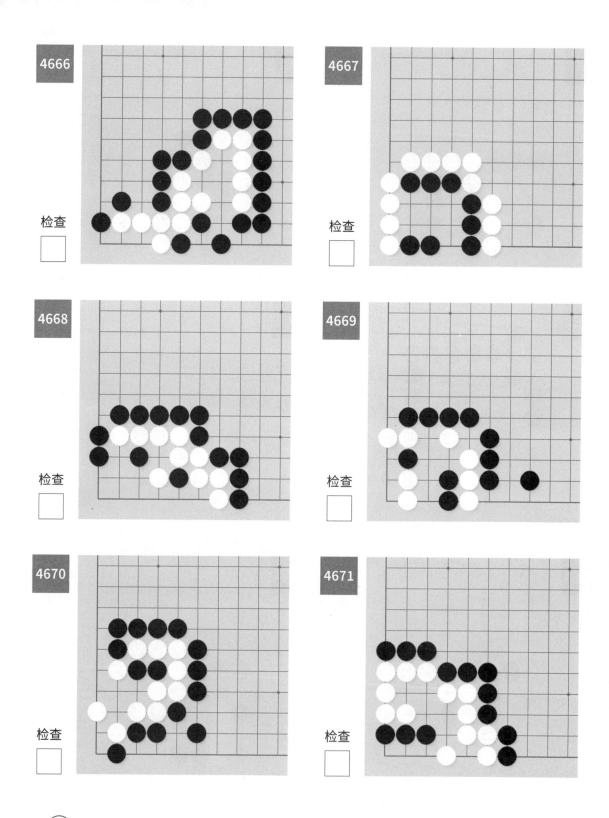

4672

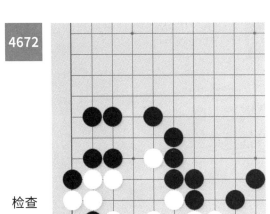

检查

4673

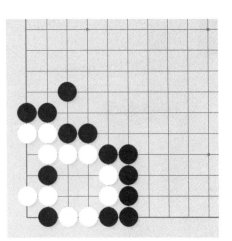

检查

4674

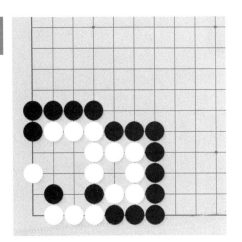

检查

4675

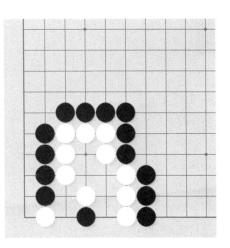

检查

4676

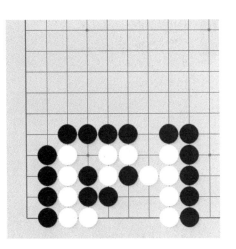

检查

4677

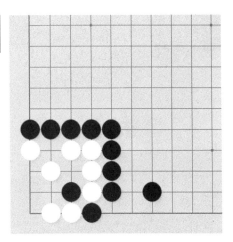

检查

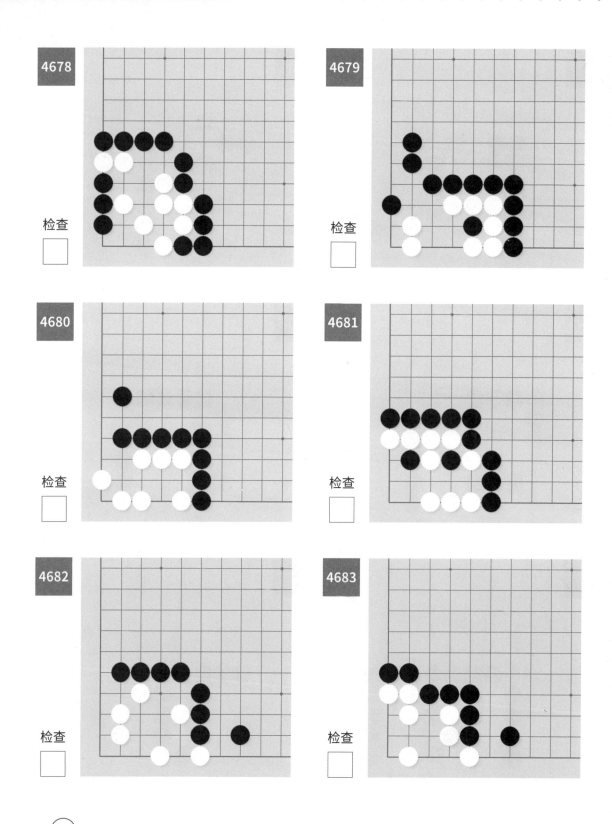

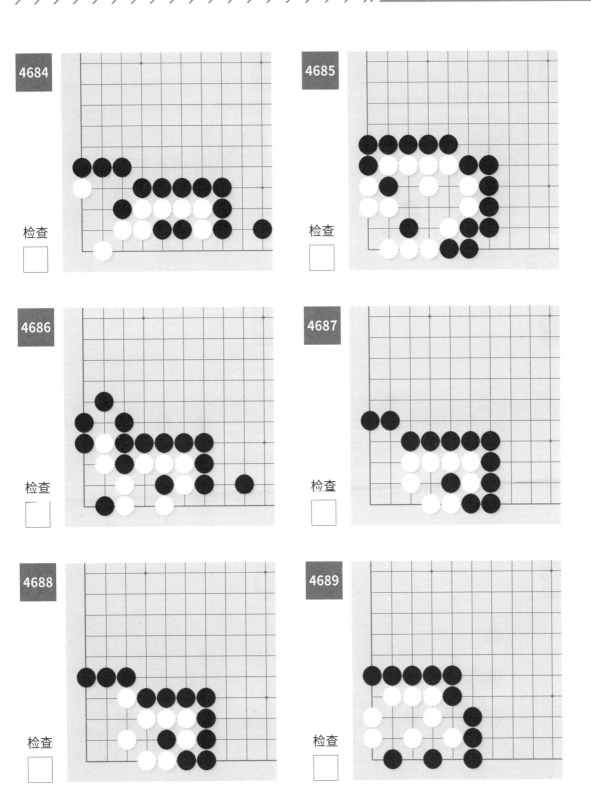

4684
检查

4685
检查

4686
检查

4687
检查

4688
检查

4689
检查

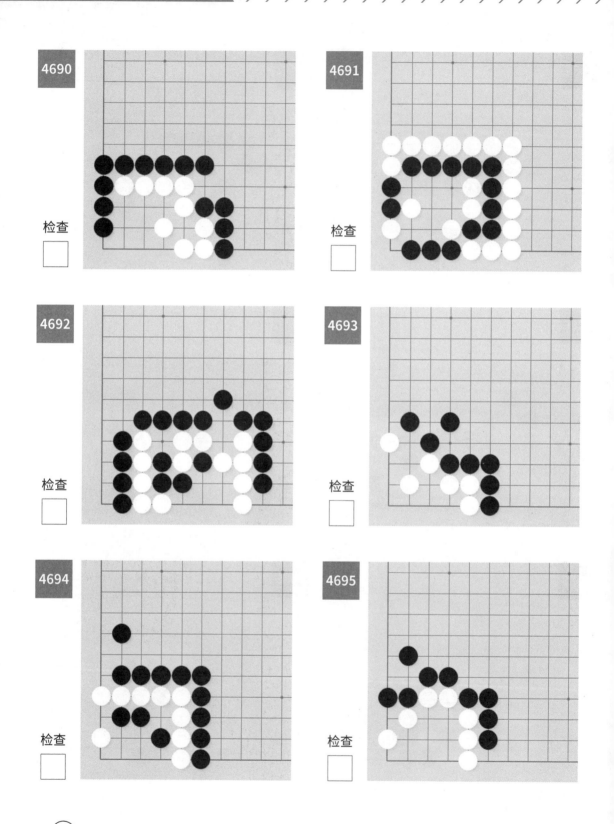

4696

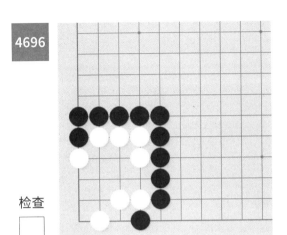

检查

4697

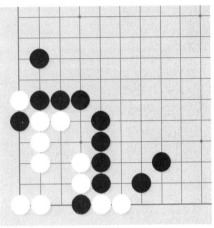

检查

4698

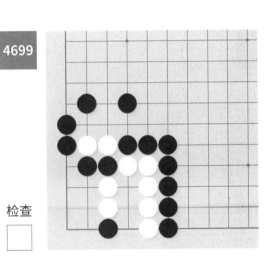

检查

4699

检查

4700

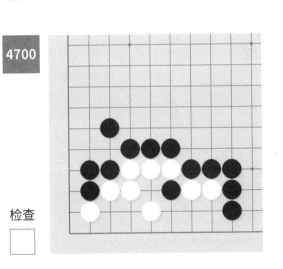

检查

4701

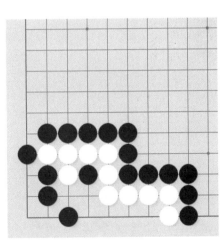

检查

4702

检查

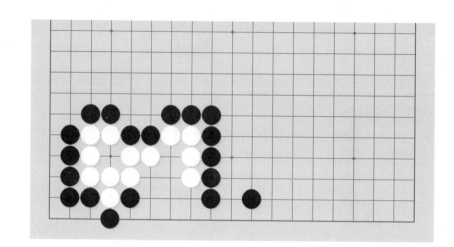

4703

检查

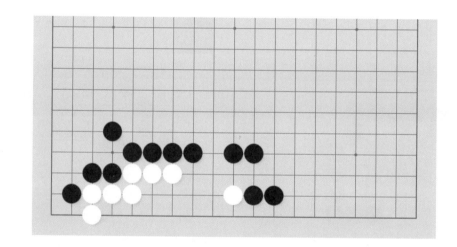

4704

检查

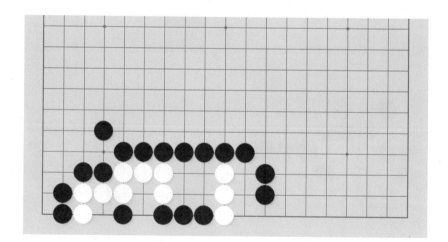

4705

检查

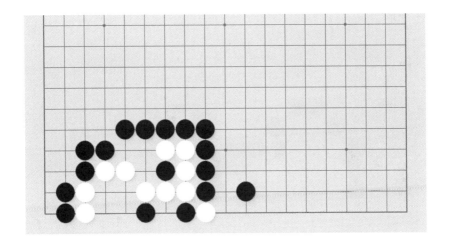

4706

检查

4707

检查

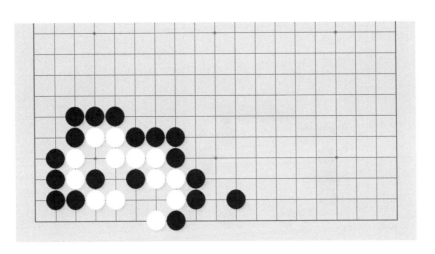

4708

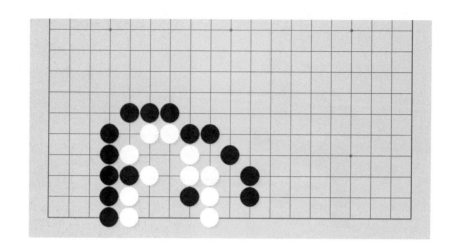

检查

□

4709

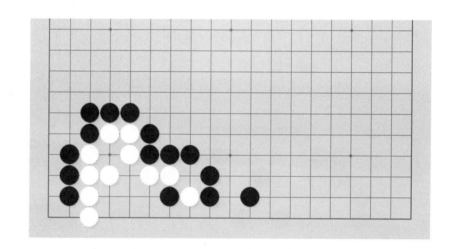

检查

□

4710

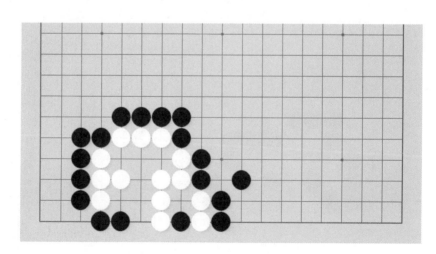

检查

□

4711

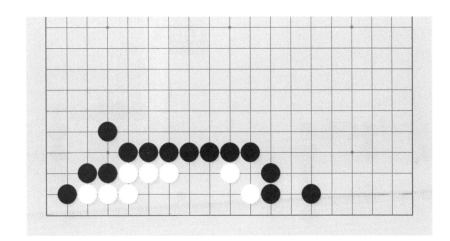

检查

4712

检查

4713

检查

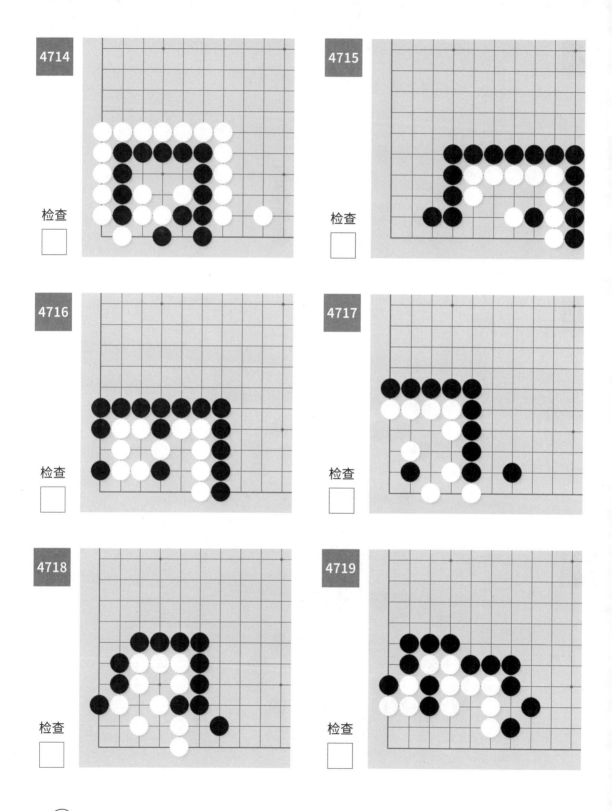

4720

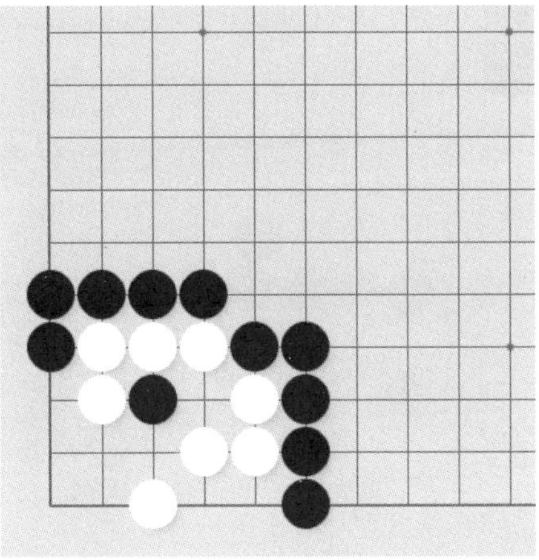

4721

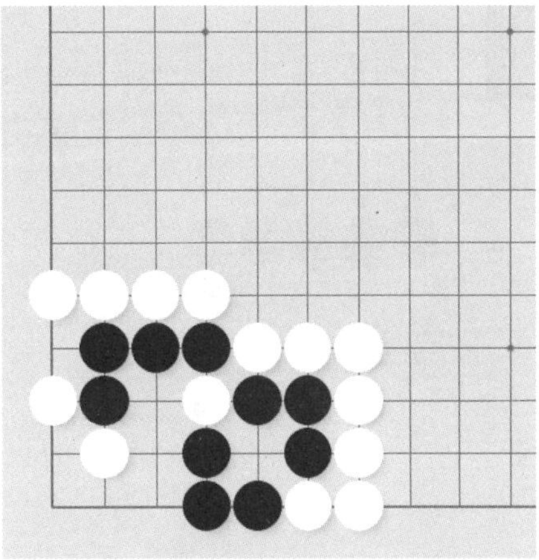

检查

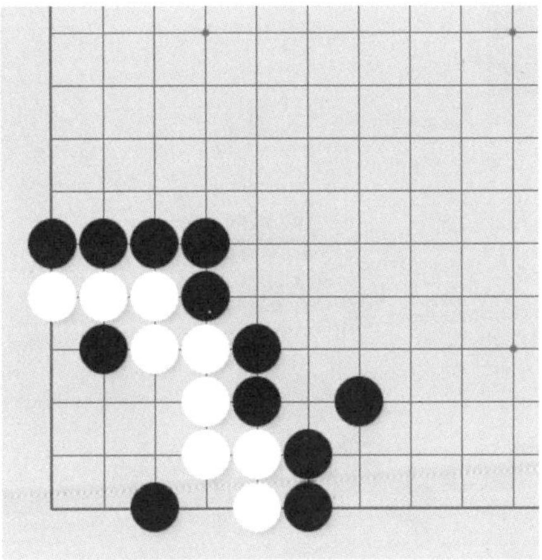

检查

4722

4723

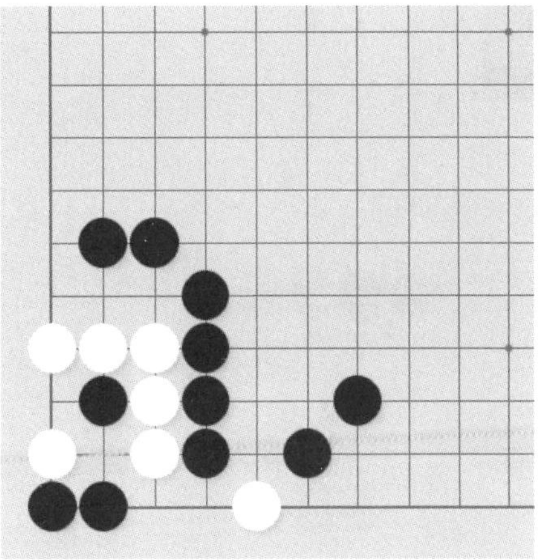

检查

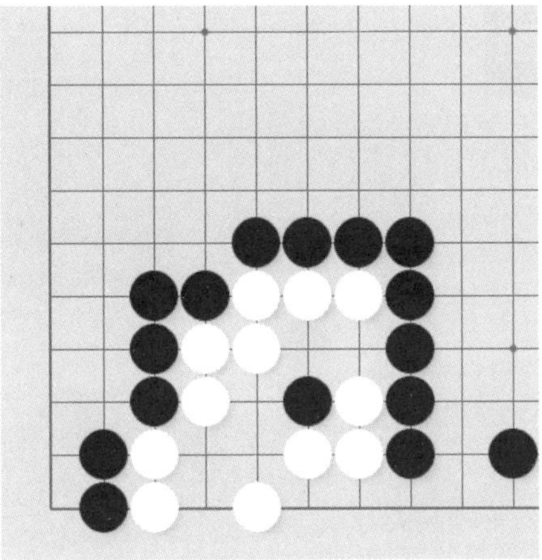

检查

4724

4725

检查

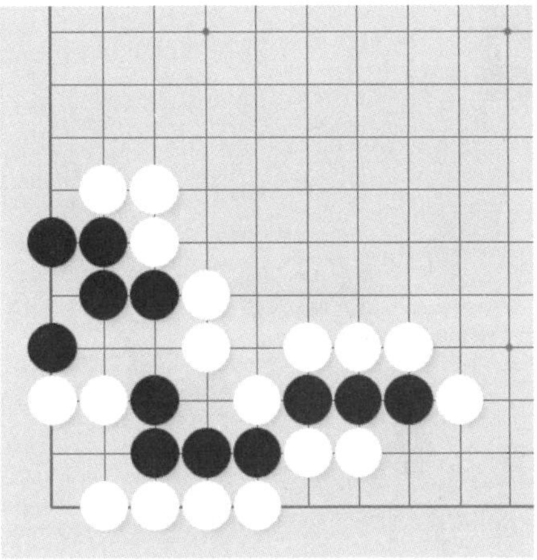

检查

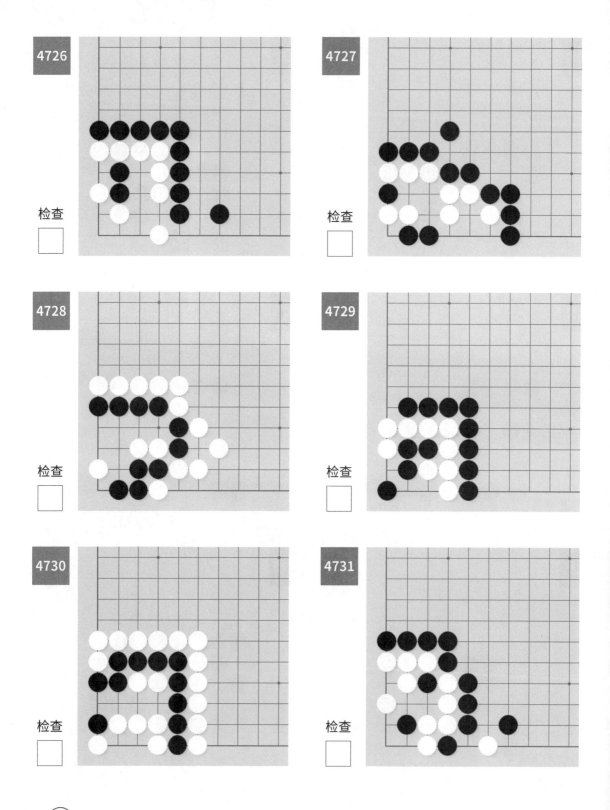

4732

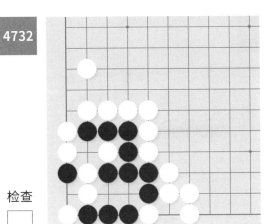

检查

4733

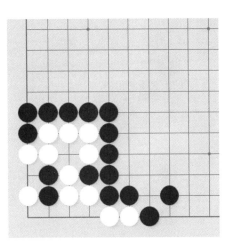

检查

4734

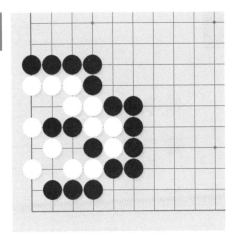

检查

4735

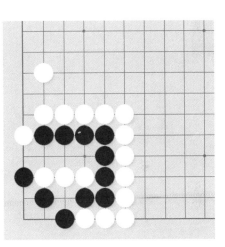

检查

4736

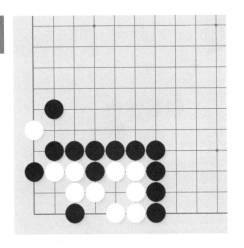

检查

4737

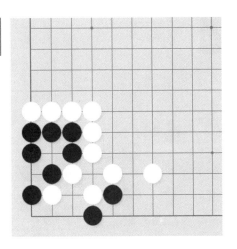

检查

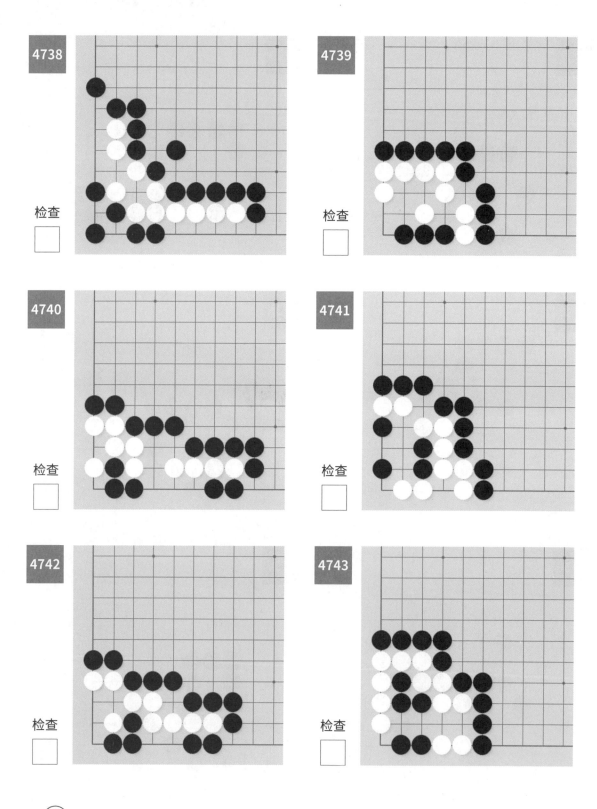

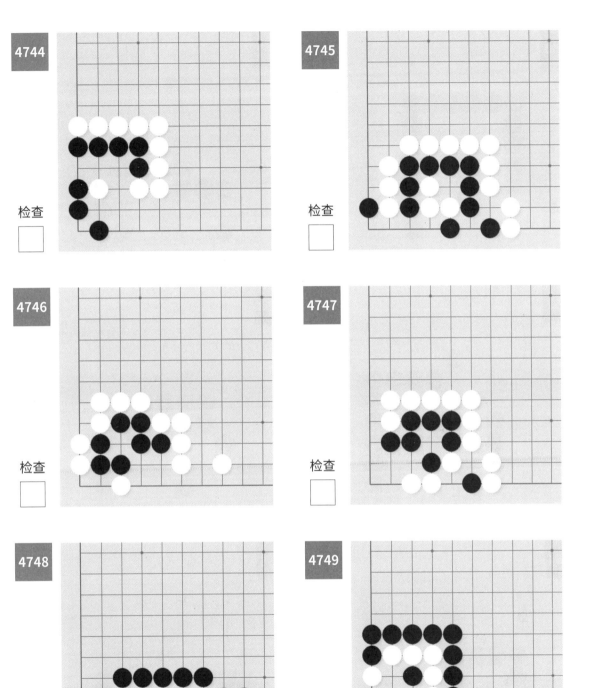

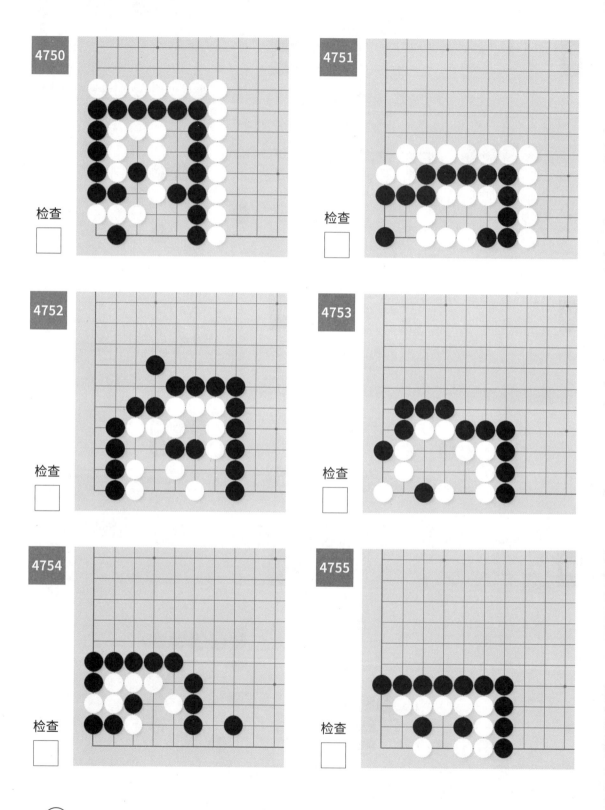

4756
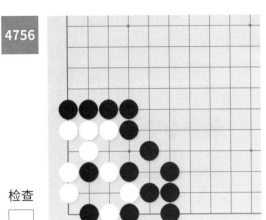

检查

4757
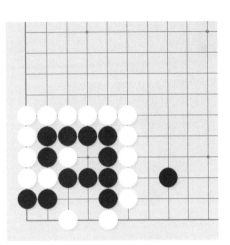

检查

4758
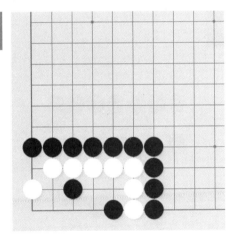

检查

4759
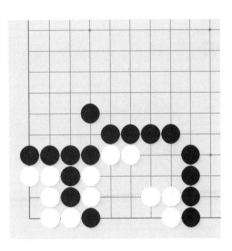

检查

4760
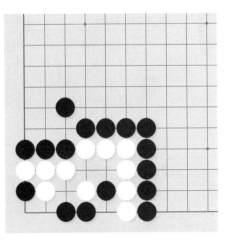

检查

4761
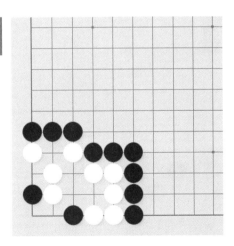

检查

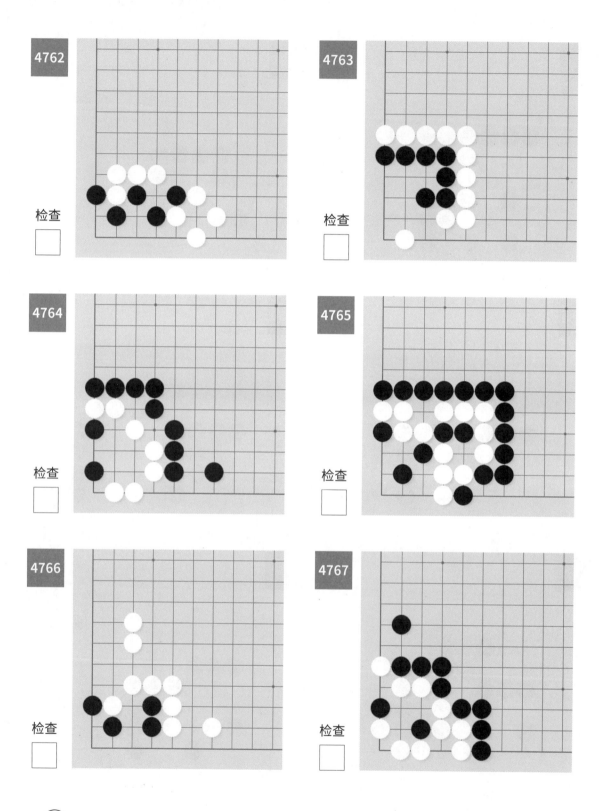

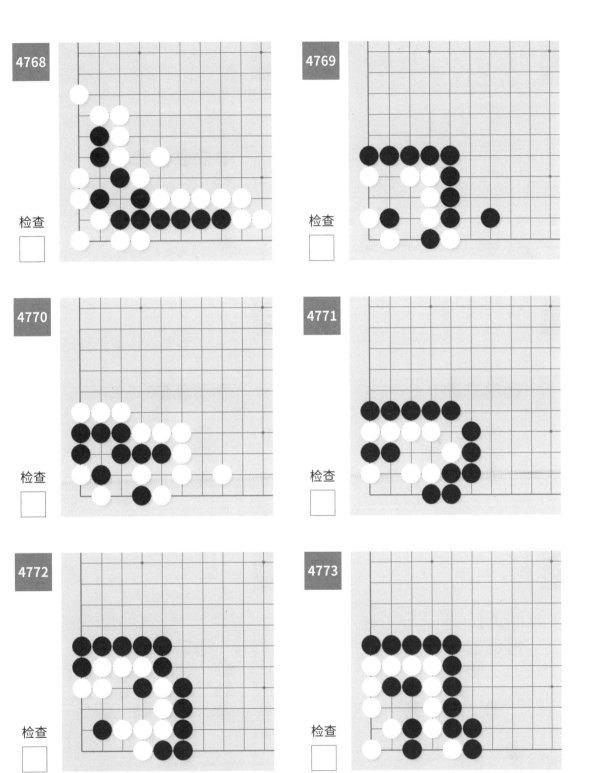

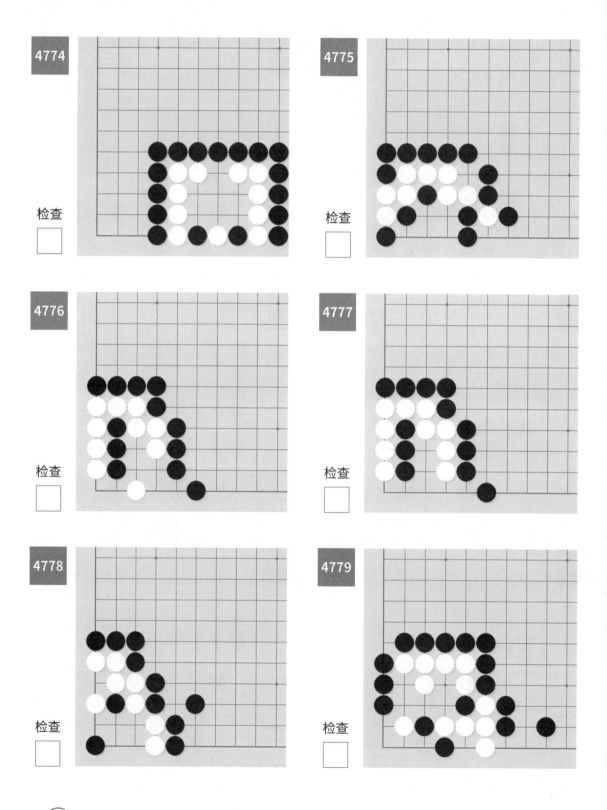

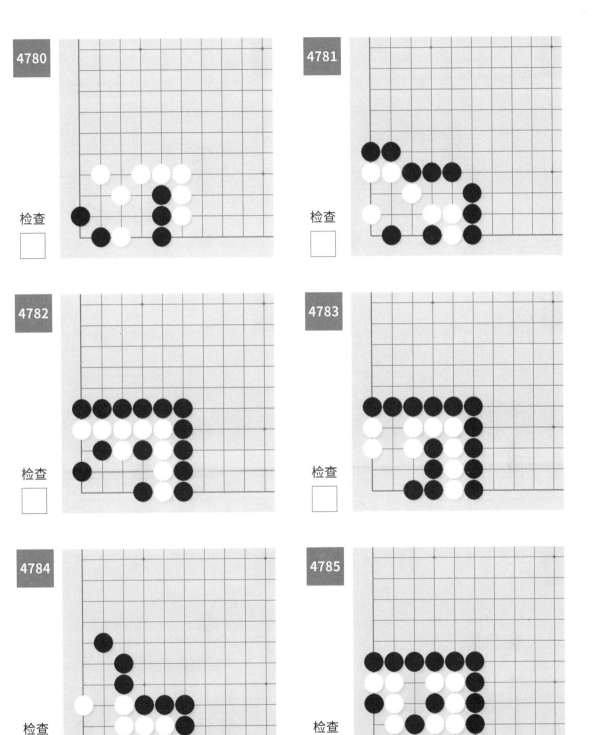

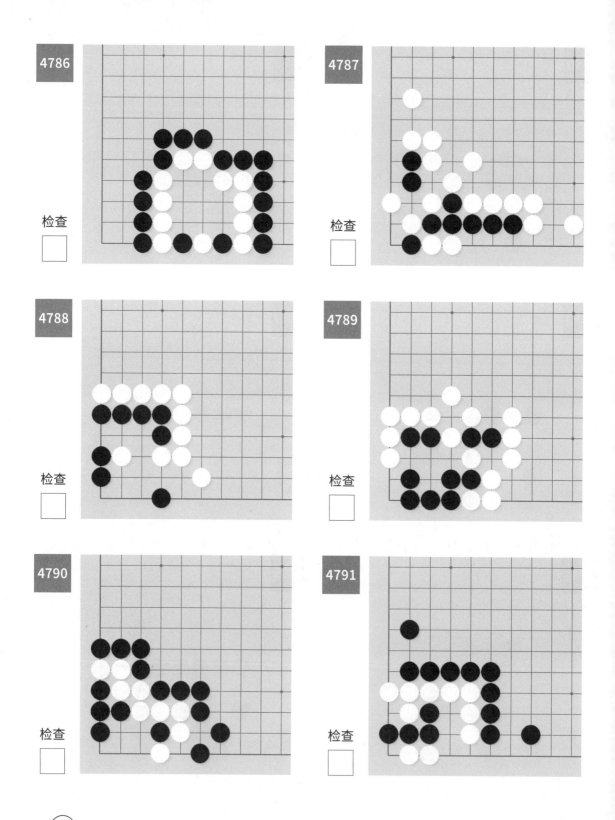

4792

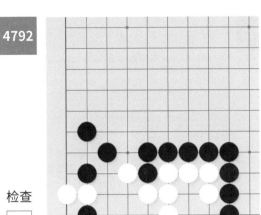

4793

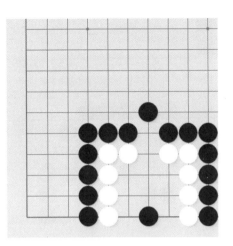

4794

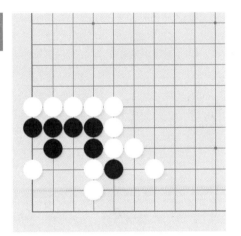

4795

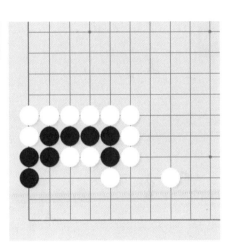

4796

4797

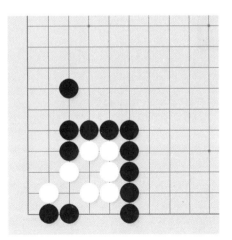

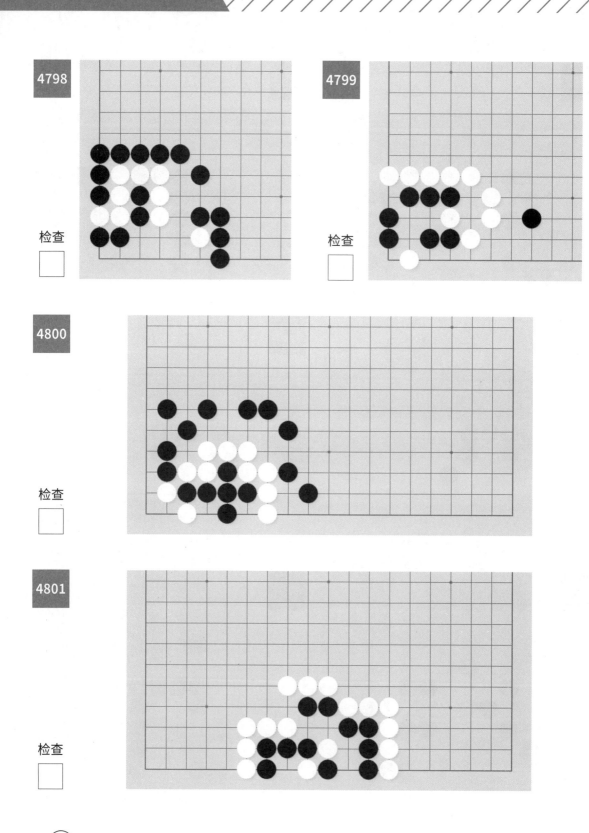

4802

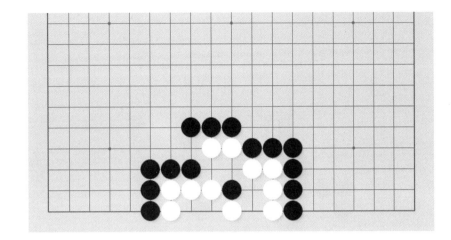

检查

4803

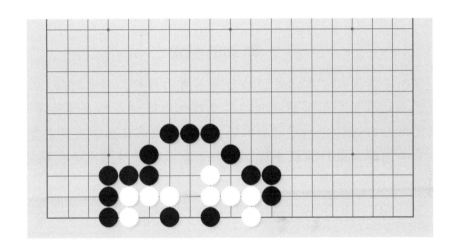

检查

4804

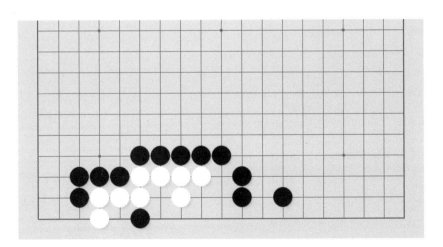

检查

4805

检查

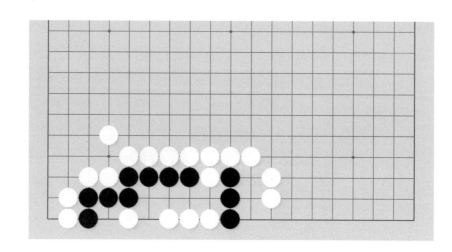

对劫的酷爱

曾听学生说："陈禧老师的题目不用问结论，都是打劫。"

这句话当然有夸大的成分，毕竟我也创过许多的净活、净杀题，但我确实对劫的诘棋有一定程度的偏爱，原因是我认为要解开打劫的题目，黑白都必须下出最强抵抗才行，而那正是我希望解题者去发现的手段。

——陈禧

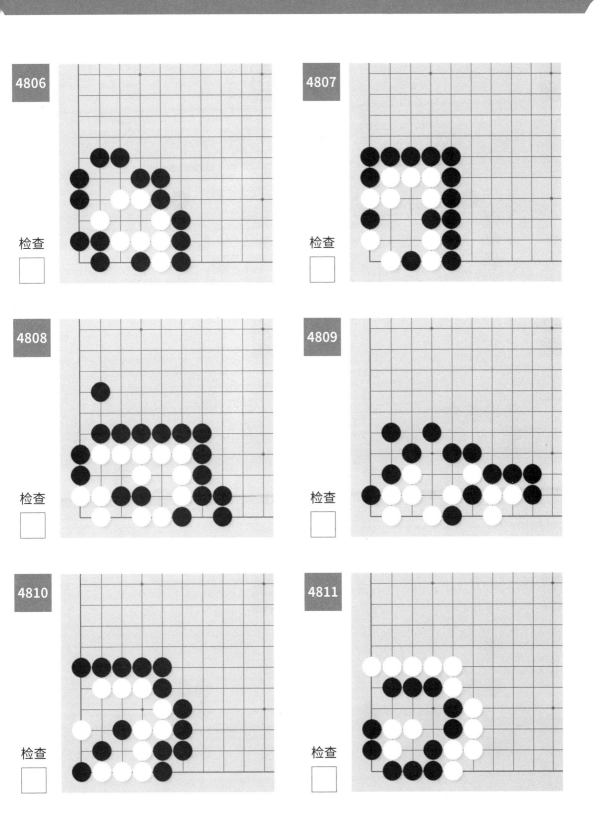

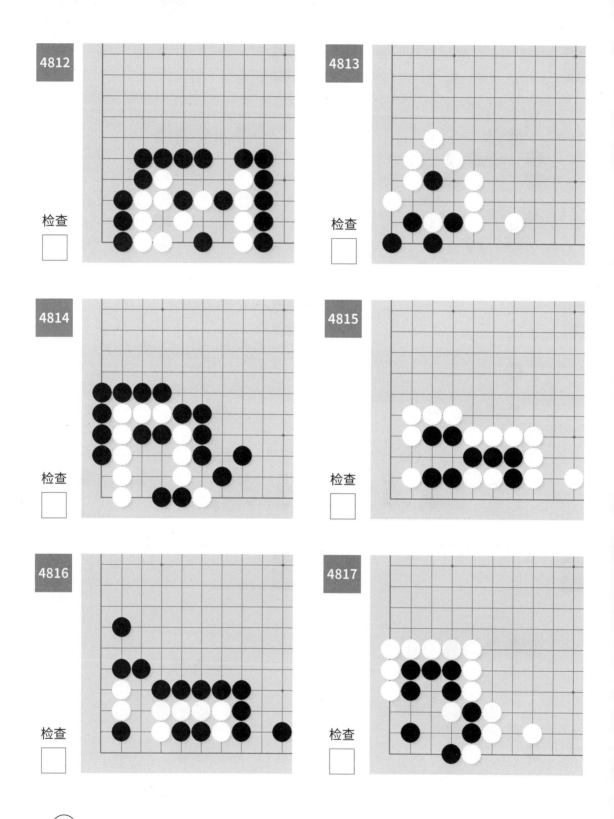

4818
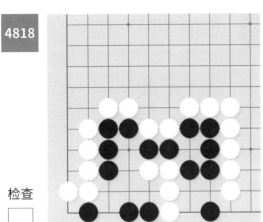

检查

4819
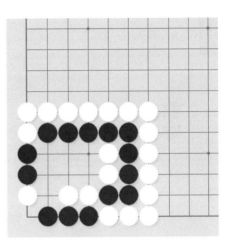

检查

4820
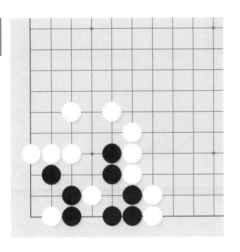

检查

4821
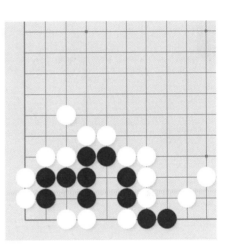

检查

4822
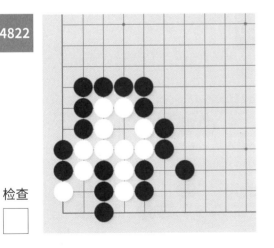

检查

4823
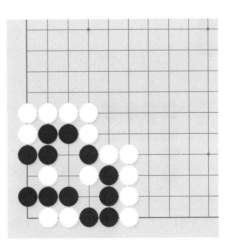

检查

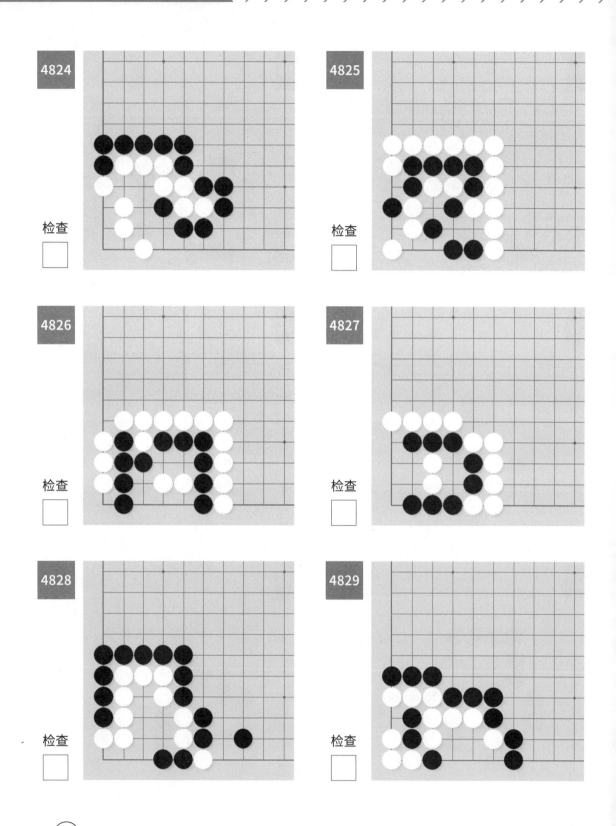

4830

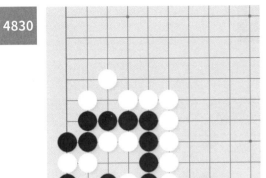

检查

4831

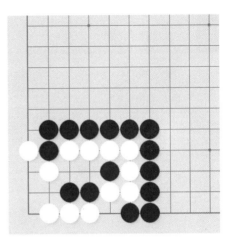

检查

4832

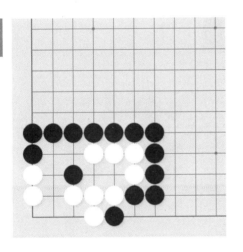

检查

4833

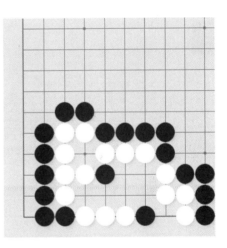

检查

4834

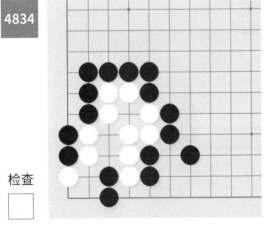

检查

4835

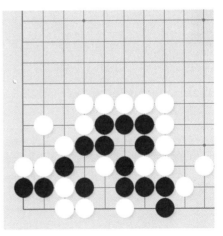

检查

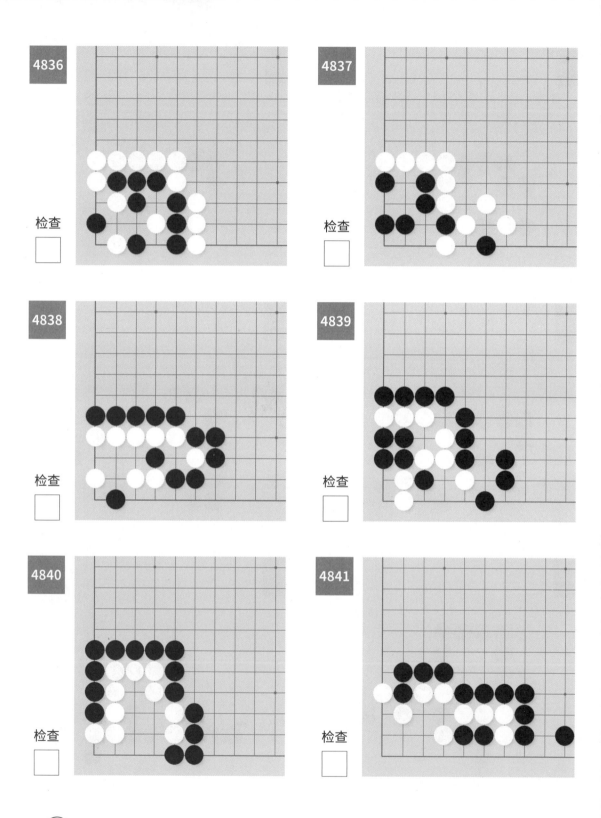

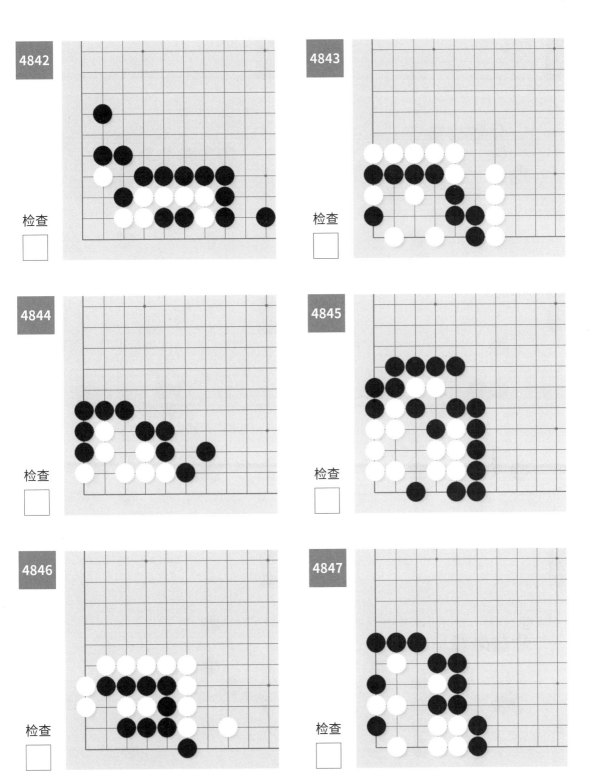

4842 检查

4843 检查

4844 检查

4845 检查

4846 检查

4847 检查

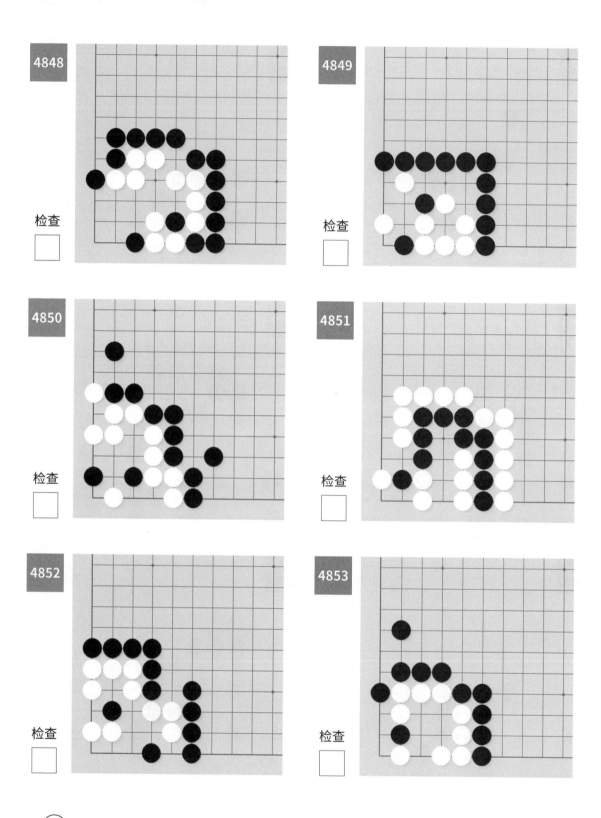

4854

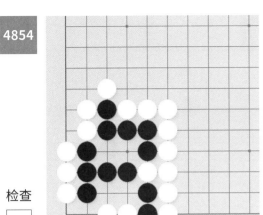

检查

4855

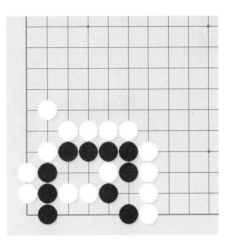

检查

4856

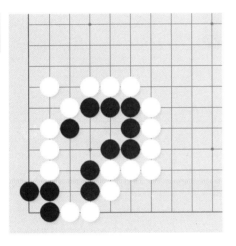

检查

4857

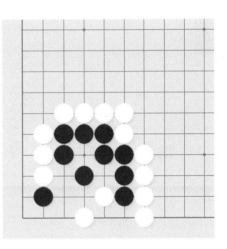

检查

4858

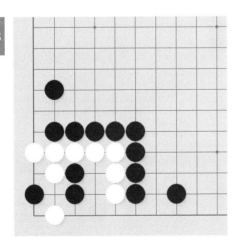

检查

4859

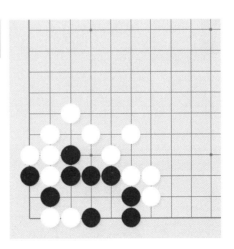

检查

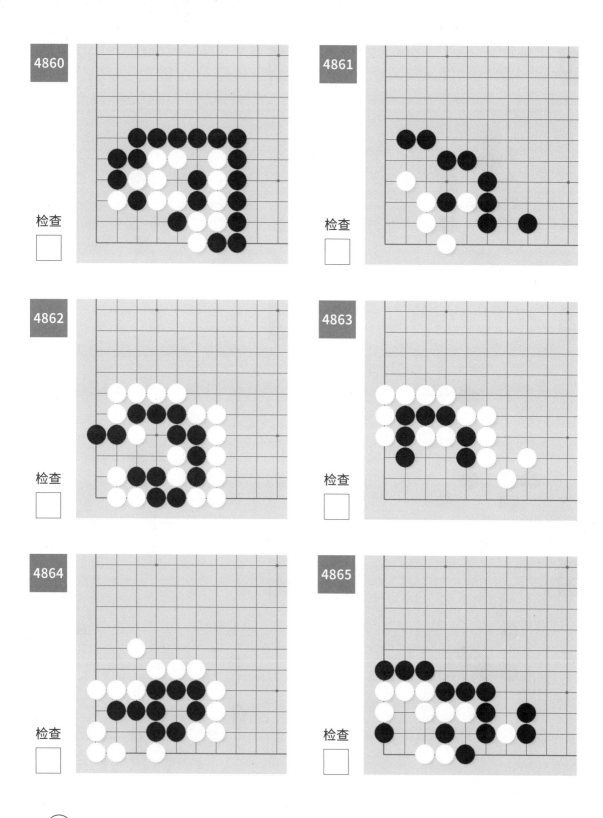

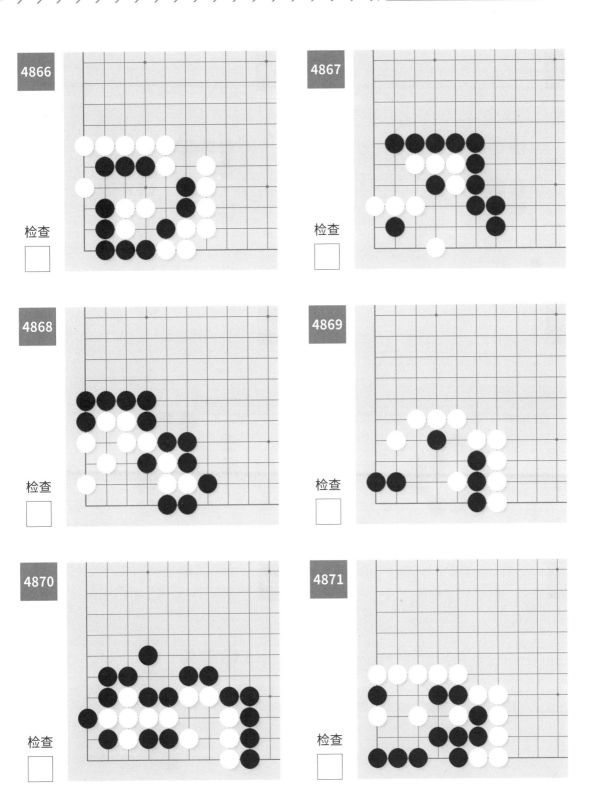

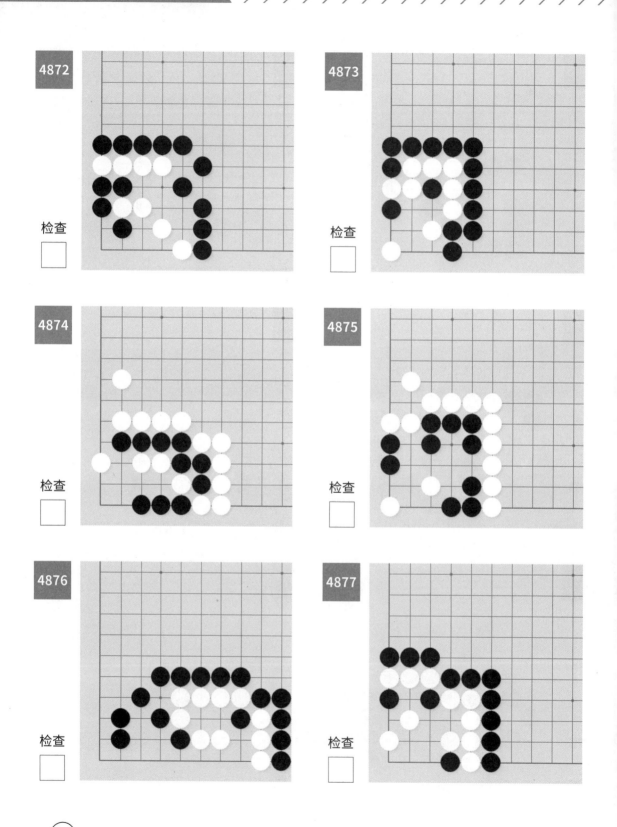

4878

检查

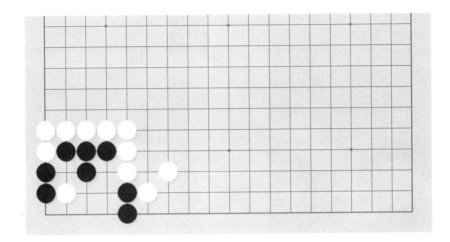

4879

检查

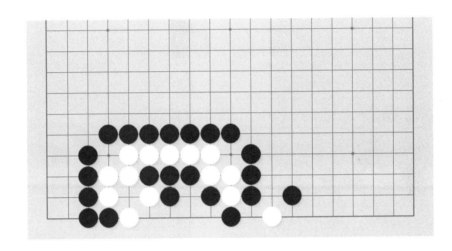

4880

检查

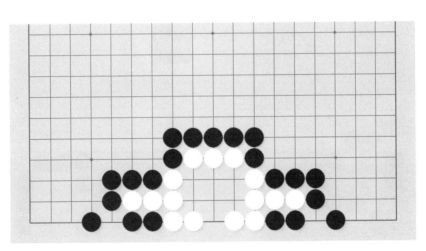

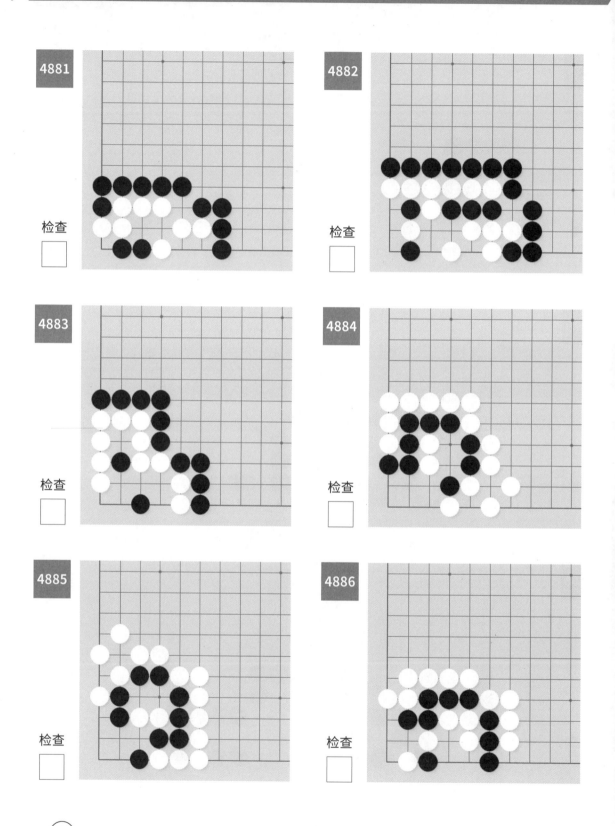

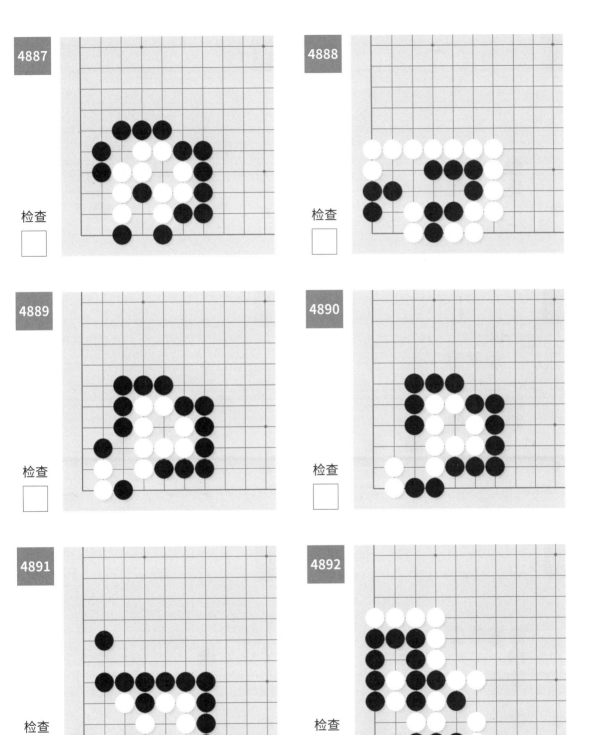

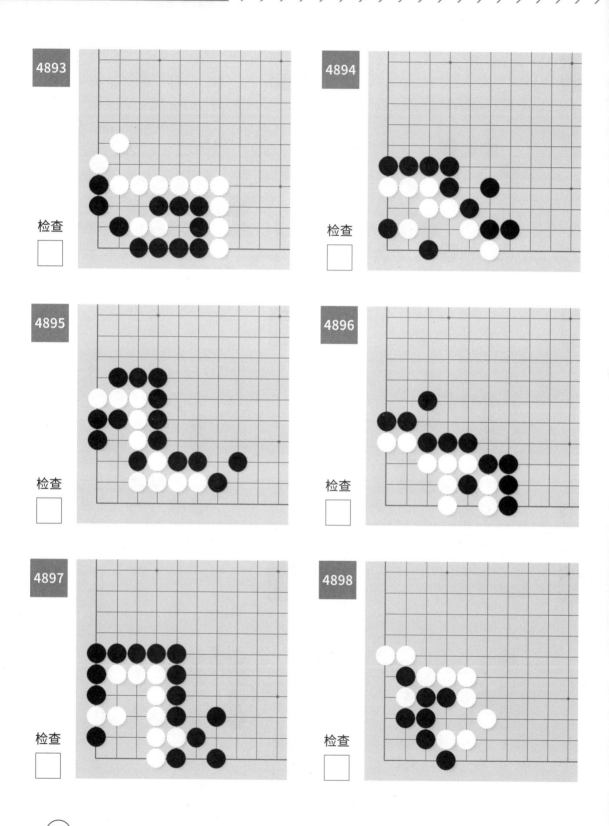

4899
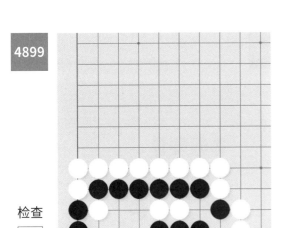

检查

4900
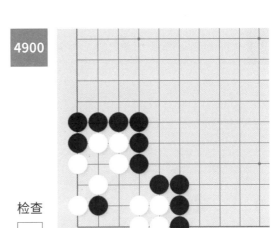

检查

4901
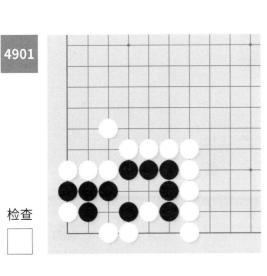

检查

4902
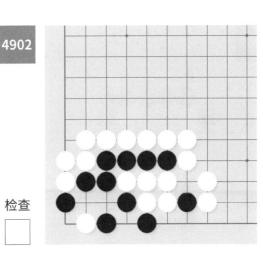

检查

4903
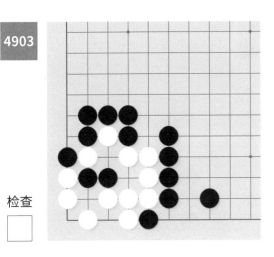

检查

4904
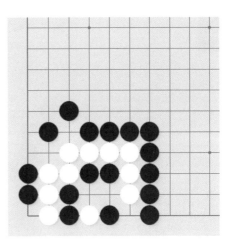

检查

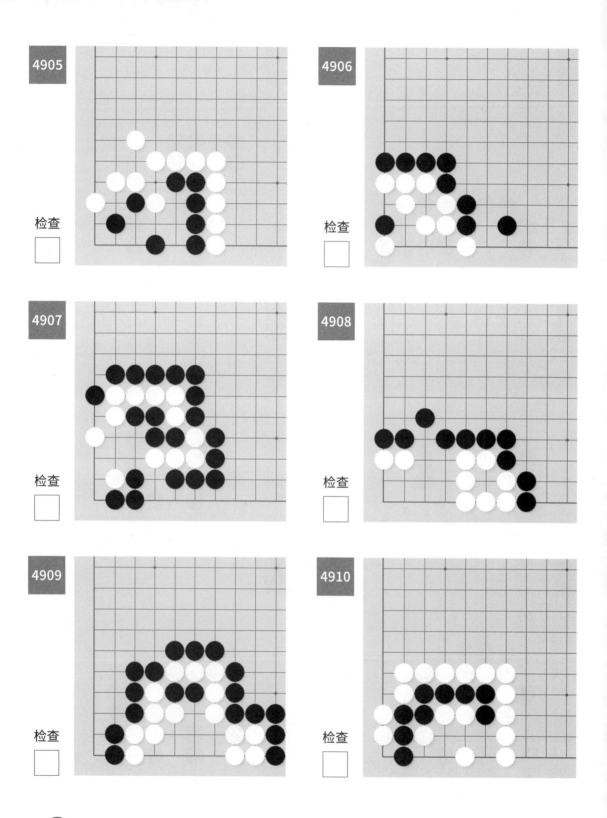

4911

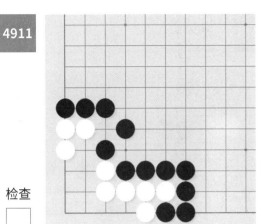

检查

4912

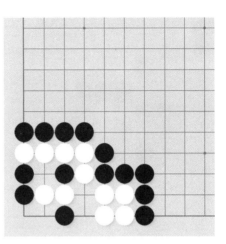

检查

4913

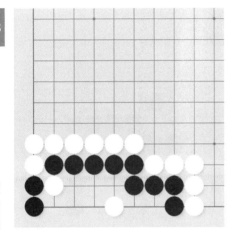

检查

4914

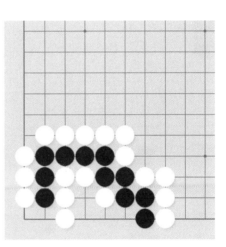

检查

4915

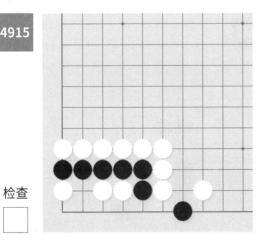

检查

4916

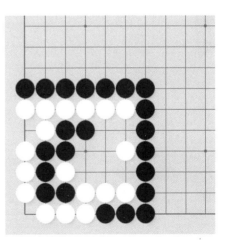

检查

173

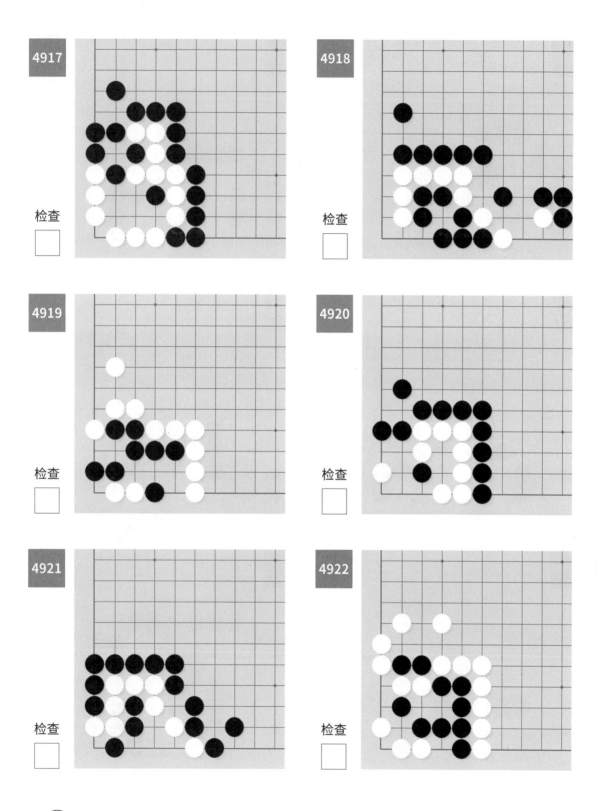

4923

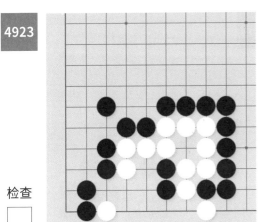

检查

4924

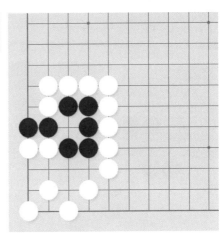

检查

4925

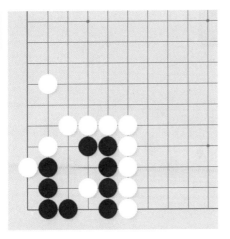

检查

4926

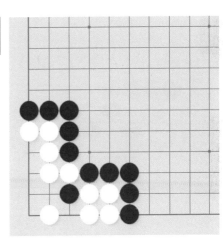

检查

4927

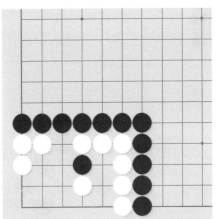

检查

4928

检查

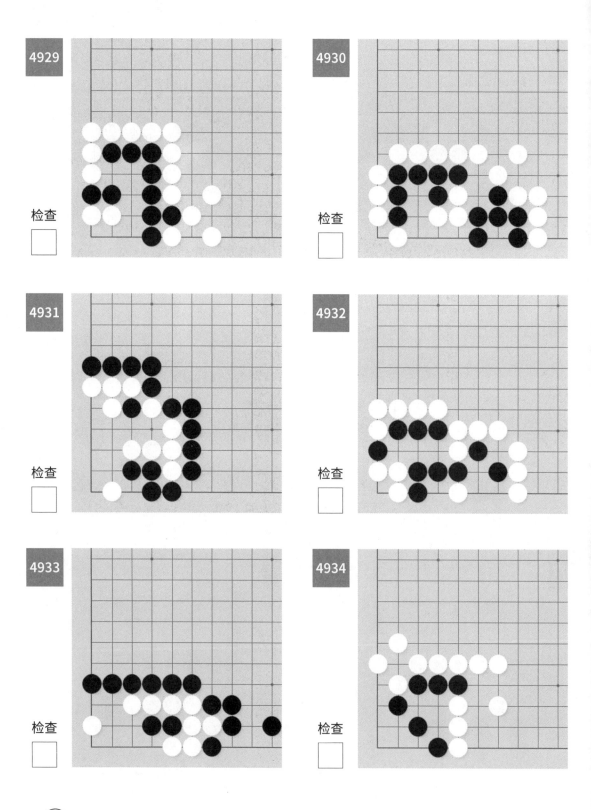

4929

检查

4930

检查

4931

检查

4932

检查

4933

检查

4934

检查

4935
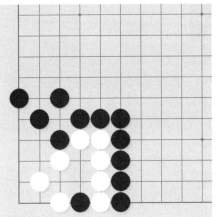
检查

4936
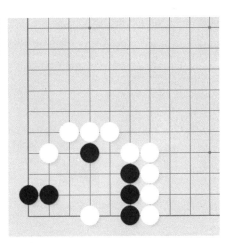
检查

4937
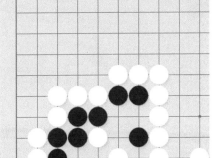
检查

4938
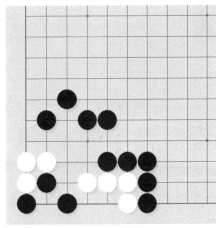
检查

4939
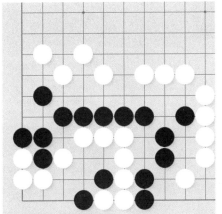
检查

4940
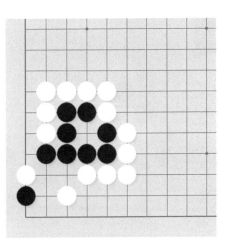
检查

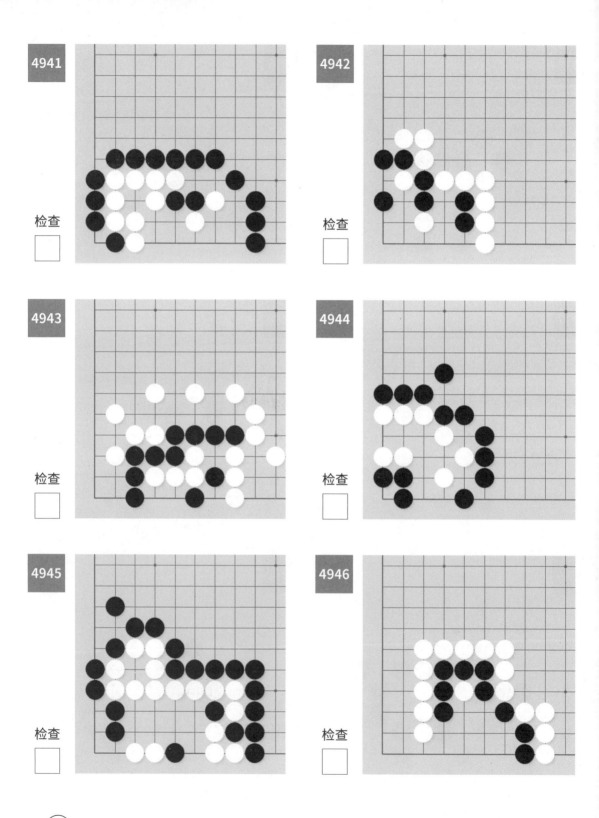

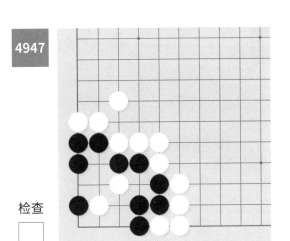

4947

检查

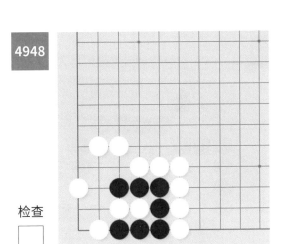

4948

检查

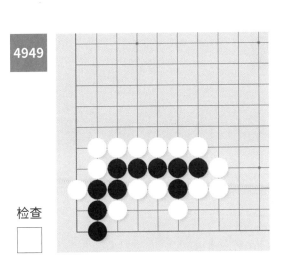

4949

检查

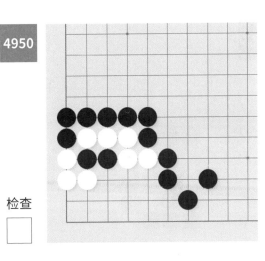

4950

检查

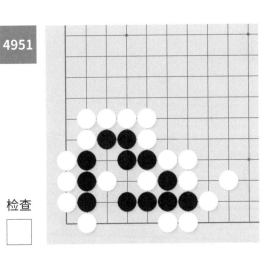

4951

检查

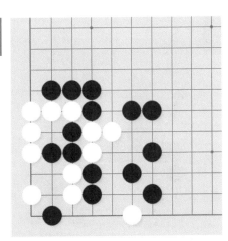

4952

检查

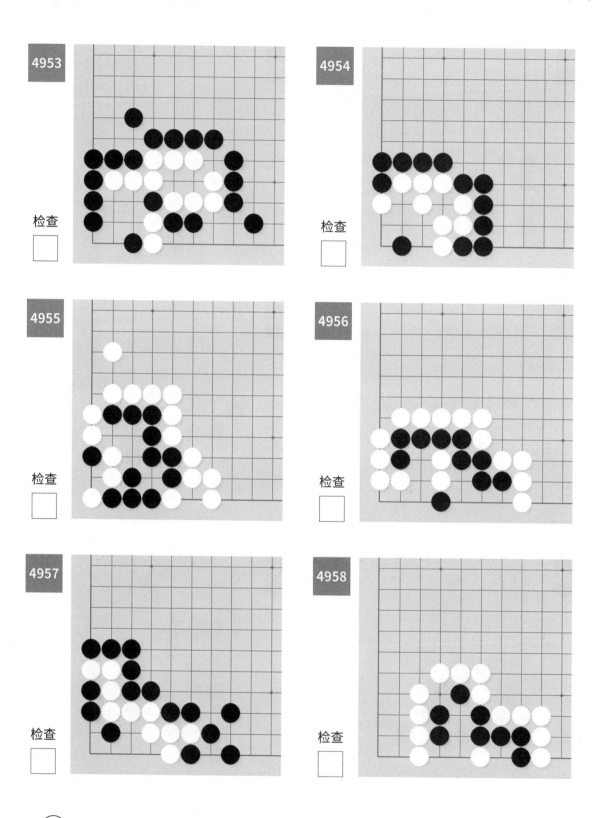

4959

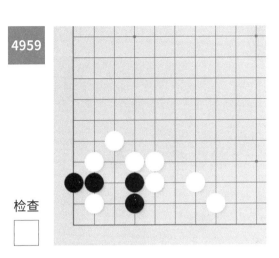

检查

4960

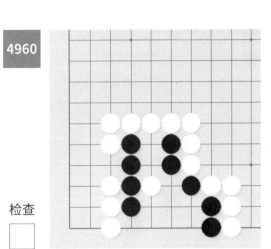

检查

4961

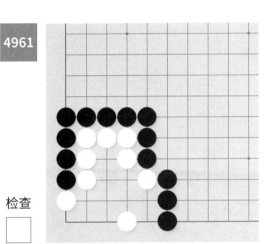

检查

4962

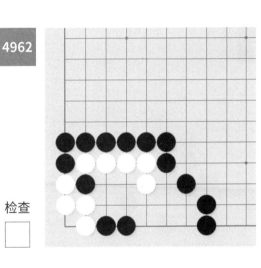

检查

4963

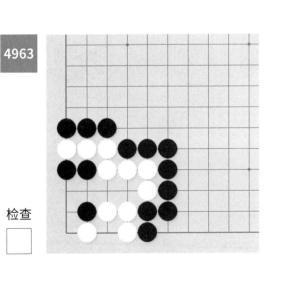

检查

4964

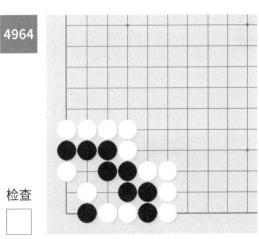

检查

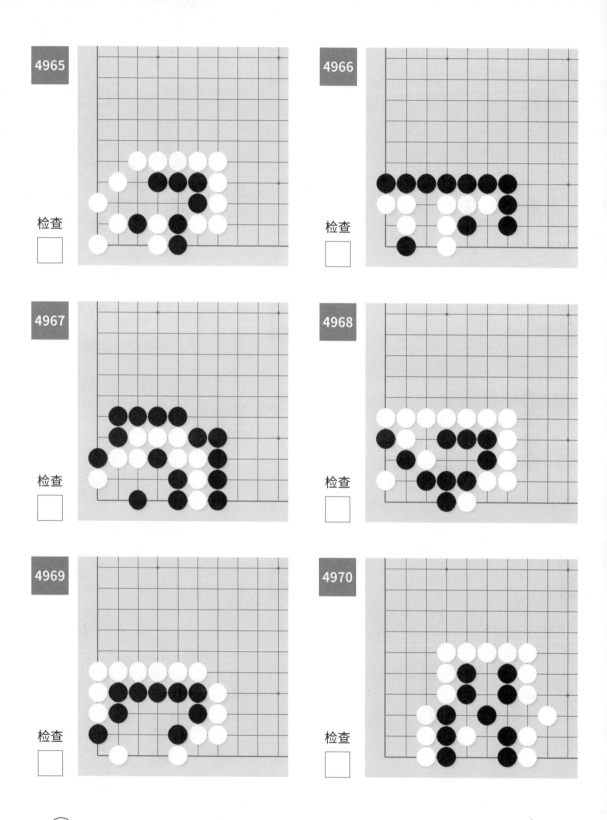

4971

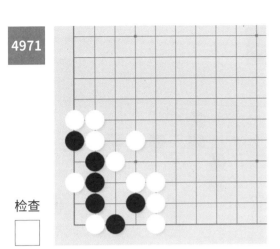

检查

4972

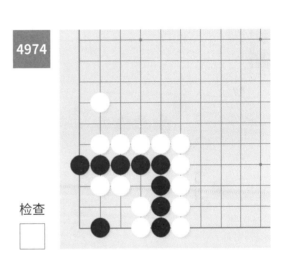

检查

4973

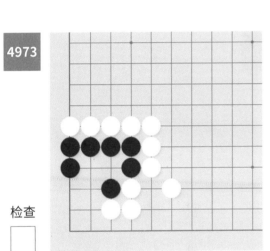

检查

4974

检查

4975

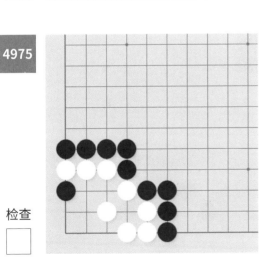

检查

4976

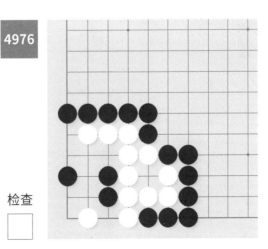

检查

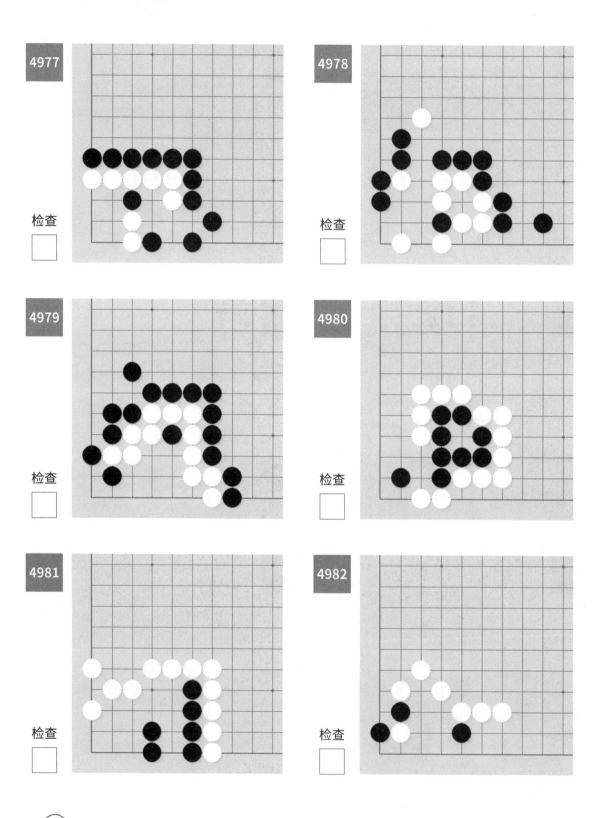

4977

检查

4978

检查

4979

检查

4980

检查

4981

检查

4982

检查

4983

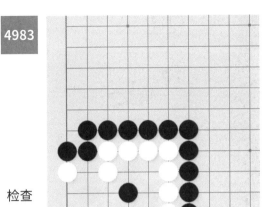

检查

4984

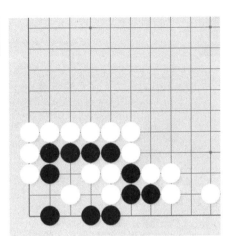

检查

4985

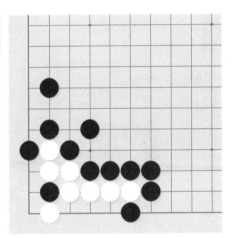

检查

4986

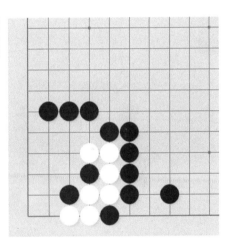

检查

4987

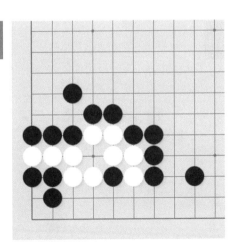

检查

4988

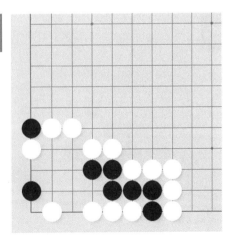

检查

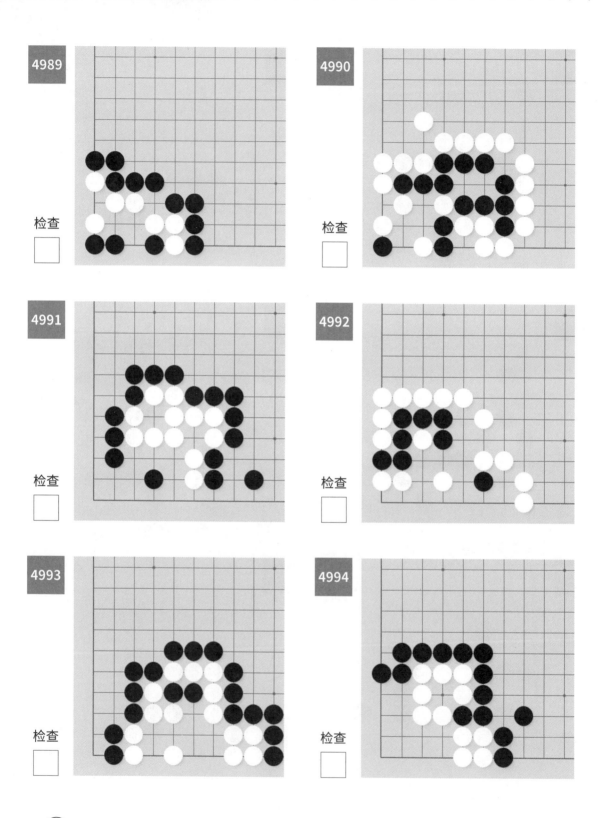

4995

检查

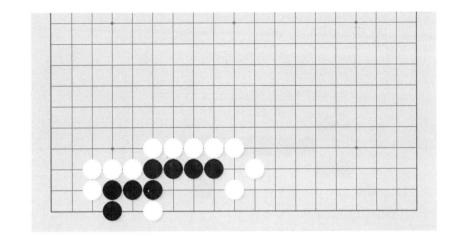

4996

检查

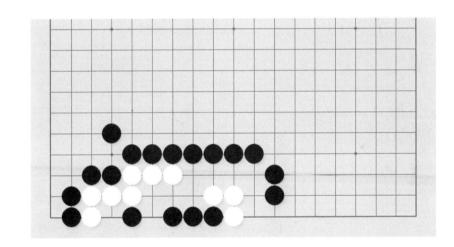

4997

检查

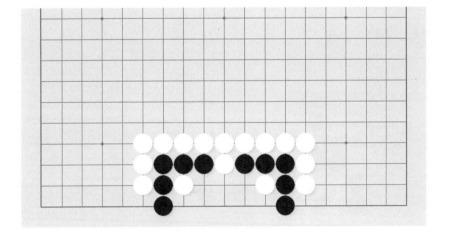

4998

检查

4999

检查

5000

检查